초인 사상으로 보는

인문학

초인 사상으로 보는
인문학

초판 1쇄 인쇄 2022년 7월 27일
초판 1쇄 발행 2022년 8월 3일

—

지은이 이동용
펴낸이 이방원
편 집 박은창·김명희·안효희·정조연·정우경·송원빈
디자인 박혜옥·손경화·양혜진   **마케팅** 최성수·김 준·조성규

—

펴낸곳 세창출판사

신고번호 제1990-000013호 **주소** 03736 서울특별시 서대문구 경기대로 58 경기빌딩 602호

전화 02-723-8660 **팩스** 02-720-4579 **이메일** edit@sechangpub.co.kr

홈페이지 http://www.sechangpub.co.kr **블로그** blog.naver.com/scpc1992

페이스북 fb.me/Sechangofficial **인스타그램** @sechang_official

—

ISBN 979-11-6684-112-5 93100

초인 사상으로 보는

인문학

이동용 지음

세창출판사

이성은
이상을 필요로 한다

초인도 사람이다. 하지만 사람도 사람 나름이다. 초인은 영웅도 구세주도 아니다. 초인은 초자연적인 힘을 지닌 비현실적인 존재로서의 영웅도 아니고, 중세의 신학이 만들어 낸 신 중심 사상의 형이상학적 존재로서의 구세주도 아니다. 초인은 극복하는 인간이다. 초인 사상은 낙천적이다. 초인은 인간들 중의 한 인간 형식을 말한다.

초인은 인간을 전제한다. 하지만 보통 평범한 인간이기를 거부하고 특별해지려고 애를 쓰는 인간이다. 인간의 특징은 생각하는 행위에 있다. 인간은 생각을 하며 사는 기술을 배워야 한다. 생각을 위축시키는 것은 불안과 공포다. 그러나 이런 두려움은 용기의 조건이다. 두려움을 모르면 그것은 용기가 아니라 만용이라 불린다. 초인은 두려움을 알지만, 그것을 이겨 내고 극복하는 인간이다.

인간은 운명적으로 고독하다. 그래서 임마누엘('하나님이 우리와 함께하신다'는 의미의 히브리어로 기독교의 예수를 의미)의 신에 대해서 치명적인 매력을 느낀다. 그러면서도 인간은 자유를 원한다. 모든 자유를 향한 의지는 구속을 향한 현상을 먼저 인식해야 한다는 숙제를 던져 준다. 인생이 도덕에 의해 창안된 것은 결코 아니지만, 도덕 없이는 살 수가 없다. 인간은 도덕으로부터 자유로울 수가 없다. "나는 살아 있다, 고로 나는 존재한다." 존재가 형식이라면, 삶은 내용을 담당한다. 초인 사상은 인간애를 근간으로 하여 세워진 공든 탑이다.

초인이란 개념은 니체로 인해 유명해졌다. 초인을 세상에 알린 것은 생철학자 니체라 할 수 있다. 초인은 니체가 강조한 철학적 인물이다. 니체는 자신의 처녀작《비극의 탄생》의 표지에 프로메테우스를 모델로 제시했다. 이 거인은 초인으로 성장해 간다. 또 본문 중에는 괴테의 〈프로메테우스〉라는 시의 마지막 연이 통째로 인용되어 있다. 즉 초인 사상은 괴테의 생각에서 뻗어 나온 하나의 가지와 같다. 질풍노도기의 천재 사상이 이와 맞물려 있는 것이다.

르네상스 시절 단테의 《신곡》에도 잠시 초인이 언급된다. 인간미를 추구했던 시기에 인문학자들은 사람 중의 사람을 고민의 대상으로 삼았던 것이다. 이것을 넘어 더 과거로 발을 내딛게 되면 중세를 넘어 고대로 들어서게 된다. 중세는 인간 중심 사상보다는 신 중심 사상이 더 지배적이었기 때문이다. 중세인들은 사람보다 신을 더 간절히 보려 했다. 그들의 관심사는 오로지 신뿐이었다. 눈에 보이는 것보다 보이지 않는 것에 더 관심을 가졌다.

고대는 신들의 세계다. 니체가 동경했던 세계다. 현대인은 아직도 중세의 빙하 속에 갇혀, 그 세계에 대해 상상조차 하지 못한다. 인류 최초의 시인으로 간주되고 있는 헤시오도스와 호메로스에 의해 신들의 세계가 소개되었다. 신들의 세계! 하늘의 주인, 바다의 주인, 지혜의 주인 등 사람이 생각해 낼 수 있는 온갖 이야기들이 펼쳐진다.

특히 헤시오도스에 의해 프로메테우스 이야기가 전해지게 된다. 본 저서는 여기서 시작 지점을 정해 보기로 한다. 그리고 다시 니체로 돌아와 그의 영향 아래 펼쳐지는 현대의 초인 사상을 살펴보다가 일제강점기 때 우리의 시인 이육사가 묘사해 낸 초인은 또 어떤 모습을 띠고 있는지 살펴보면서 마무리하려 한다.

초인을 이야기하기 전에 먼저 일반적인 인간의 정의부터 언급하며 머리말을 만들어 보고자 한다. 먼 길을 돌아서 핵심으로 다가서 보자는 것이다. 인간은 이성적 존재이다. 라틴어 호모 사피엔스를 번역한 말이다. 생각하는 존재라고 말해도 된다. 또 생각은 말로 하다 보니 인간은 말을 하는 존재라고 해도 된다. 게다가 말은 뜬구름 잡는 식의 생각부터 시작을 하게 되니 인간은 형상을 떠올리는 존재도 된다. 이렇게 꼬리를 잡고 이어가다 보면 본래의 의미에서 자꾸 멀리 떨어져만 가는 감이 없지 않다. 하지만 이런 꼬리 물기가 이성이 하는 본래의 일이다. 사람은 죽을 때까지 이렇게 생각을 하며 살게 된다.

'사람'은 '인간'을 가리키는 순우리말이다. 사람은 삶을 살아간다. 삶은 사람의 흔적이다. 사람과 삶은 서로의 조건이 되며 서로를 위해 존재한다. 태극의 음과 양처럼 서로가 서로를 위해 돌고 돈다. 사람은 삶에 의해 희석되는 일도 없고, 삶도 사람에 의해 변질되는 일이 없다. 사람과 삶은 서로 떼려야 뗄 수 없는 관계를 형성하고 끊임없이 돌고 있다. 의미는 같지만, 인간과 인생도 있다. 사람과 삶이라 말하든 인간과 인생이라 말하든 사실 아무 상관없다. 그때그때 습관에 따라 어울리는 개념을 사용하면 그만이다. 그런 것에 연연하는 일은 없었으면 좋겠다.

문제는 초인이다. 이성은 이상을 좇는다. 사람은 누구나 이상을 가진다. 어려서는 멘토를 구한다. 사람은 누구나 모범을 두고 배우고자 한다. 배움의 시기에는 배워야 할 대상에 대한 갈증이 절정에 달한다. 초인은 형이상학적 개념이다. 본질적인 영역에 해당하는 개념이다. 그것을 현상의 원리로 옮겨 놓게 될 때는 수많은 말들로 갈라진다. 모든 이가 서로 다른 이상을 품고 있듯이, 초인도 그것을 말하는 사람마다 서로 다를 수 있음을 인정해 주면 된다. 말로만, 또 좋게만 형용할 수 있는 존재의 상들을 다 모아 보면 초인의 형상이 구축될 수 있다. 고대의 신들, 중세의 하나님, 할리우드의 슈퍼맨 등은 모두 사람들이 이야기한 내용 중의 이상적인 인물들이다. 그들은 역사적 인물이 아니다. 그래도 꼭 있을 것만 같다. 그런 이들이 없다고 말하는 것이 오히려 의견의 폭력이 될 수 있다. 상상은 자유니까.

초인에 대한 고민은 생각하는 존재의 생각을 들여다보는 행위가 될 수도 있다. 초인을 알면 인간의 문제도 보인다. 소크라테스의 유명한 말 '너 자신을 알라'도 눈에 보이는 '너' 말고 눈에 보이지 않는 '너'가 누구인지를 알라는 요구다. 초인도 마찬가지다. 눈에 보이는 인간 말고 눈에 보이지 않는 인간을 궁금해할 수 있다면, 초인에 대한 궁금증도 상상을 초월하는 지경까지 증폭될 수 있다. '나는 누구인가?' 이 질문을 초인이라는 개념에서 시작할 뿐이다. '초인은 누구인가?' 하고 말이다.

신화에는 스핑크스라는 존재도 있다. 그것은 늘 똑같은 수수께끼를 내고 대답을 못하는 사람을 잡아먹었다는 괴물이다. 아침에는 네 발로 점심에는 두 발로 저녁에는 세 발로 걷는 것은 무엇인가? 정답은 사람이다. 그러니까, 정답이 '사람'인 문제를 사람에게 내고 답하지 못하면 잡아먹는다는 것이다. 사람이 사람을 모르면 살 가치도 또 살 자격도 없다는 논리다. 인정사정 봐주지 않는다. 괴물답다. 잘 살아 보자. 죽지 말고 살아보자. 죽어야 할 운명이지만 가능하면 저항하며 버텨 보자. 죽을 때까지 죽지 말고 사람답게 잘 살아 보자. 이런 생각만 할 수 있다면 초인 사상도 재밌게 다가설 수 있다.

2022년 7월 수유리에서
이동용

CONTENTS

I.

헤시오도스의
프로메테우스와 인간애

1.

신들의 세계,
신들의 이야기

태초에 신화가 있었다. 기원전 7백 년경 헤시오도스는 《테오고니아》를 집필한다. 일반적으로 '신들의 계보'라고 번역한다. '테오스theos'는 '신'을, 그리고 '고니아gonia'는 '생성'과 '변화'를 의미한다. 어떻게 신들이 생겨났는지, 그것을 이야기해 주는 책이다. 동화적 문체를 적용하면 이렇게 시작한다. '옛날 옛적에 신들이 살았다'라고. 가장 오래된 이야기들은 신들에 대해서 들려준다. 헤시오도스는 신들의 이야기에 정통한 자였다. 그는 중심에 신들을 놓고 아기자기하게 엮어 가는 이야기의 기술자였다. 그가 말하는 신들에 대해 자질을 논하는 이들은 없다. 모두 신이 될 만한 자격을 갖추고 있다고 인정하고 다가선다.

오히려 그 자격이 무엇인지 관찰하려 할 뿐이다. 그것이 이야기의 힘이다. 자유를 추구하는 정신을 이야기 하나로 옭아맬 수 있는 힘이 바로 이런 이야기에 있는 것이다. 신의 이야기에 귀를 열어 놓으면 정신 속에는 이상한 일들이 벌어진다.

'재밌는 이야기 하나 해 줘!' 심심하면 사람은 이런 욕구가 발생한다. 시간을 보내는 데는 이야기만큼 좋은 것이 또 없다. 보카치오의 《데카메론》도 흑사병을 피해 피렌체 주변 시골 마을로 가서 이야기로 버티는 내용을 담고 있다. 그런 이야기의 힘에 주목을 하면서 근대가 시작되었던 셈이다. 어쨌든 이야기는 재밌어야 한다. 옛날이야기를 들려주려면 재밌게 들려주는 재주가 필요하다. 아무것도 아닌 내용도 그것을 들려주는 재주에 의해 그럴싸하게 포장될 수도 있는 법이다. 그런데 이야기를 재밌게 하기가 쉽지 않다. 재미가 없으면 그 이야기는 곧 잊히고 만다. 베스트셀러처럼 잠시 이슈가 될 수는 있어도 오래 가지 못한다.

모든 고전은 잔인하고 엄격한 세월의 검증을 버텨 낸 책들이다. 세월 앞에 장사는 없다고 했다. 하지만 고전은 예외다. 세월이 흐를수록 그 가치는 더욱 빛나게 될 것이다. 그런 고전을 곁에 두며 관계를 맺고 사는 사람만큼 아름다운 존재는 없다. 코스모스가 아름다운 이유도 먼지처럼 보이는 별들을 보석처럼 정제된 형태로 보여 주기 때문이다. 삶을 삶답게 만들어 주는 이런 고전들은, 좁게는 한 사람이 살아가는 동안, 넓게는 한 민족이 존재하는 한, 보다 더 넓게는 인류가 존재하는 한, 끈질기게 자신의 존재를 과시할 것이 틀림없다.

거의 3천 년 동안 힘차게 흘러가는 세월의 강물에서도 견뎌 낸 이야기, 그것이 신들의 세상에 대해 들려준 신화이다. 그리스어로 '미토스Mythos'라고 한다. 이 말 자체가 이야기란 뜻이다. 생각하는 존재는 이야기의 형식으로 생각에 임하게 된다. 성경도 하나의 이야기의 형식에 속한다. 처음에는 이야기가 있었다. "태초에 말씀이 계시니라." 요한복음 1장 1절은 이렇게 시작한다. 그 말이 어떻게 진행되든지 상관없다. 말이 되기만 하면 그만인 셈이다.

신들이 사는 세상, 그들을 엮어 가는 이야기들, 그 이야기에 귀를 기울이는 인류의 정신, 그 이야기의 내용을 해석하는 학자들, 그 해석에 호기심을 쏟는 독자들, 이런 독자들의 관심을 끌려는 작가들의 도전, 이렇게 세상살이는 돌고 돈다. 사람은 밥만 먹고 살 수 없다. 이스라엘 민족은 광야에서도 만나Manna로 버텼다. 그 만나는 태초에 말씀으로 존재를 과시했던 하나님의 선물이었다. 하나님이 인간에게 준 하늘의 빵이었다. 그 민족은 그것으로 황량한 광야에서 40년이나 버틸 수 있었던 것이다. 말을 하며 살아야 하는 사람은 말의 가치와 의미에 무한한 신뢰를 부여하기도 한다. 말 한마디로 소중한 생명을 구할 수도 있다.

말을 하려면 되도록 좋은 말, 최고의 말을 해야 한다. 좋은 말은 평생 해도 모자란다. 그런 말들이 모이고 모여 한 사람의 위대한 인생을 말해 준다. 그 사람이 모범적으로 살아온 기록이 신화가 된다. 하지만 좋은 말은 하기 힘들다. 대부분 말들은 의미 없이 내뱉어지고, 이유 없이 상처를 주며, 근거 없이 주장을 펼치기 일쑤이다. '남의 불행은 나의 행복'이라는 잔인한 논리로 일관한다. 그런 사람들이 일상 속에 도사리고 있다. 일상은 노동만 선호할 뿐, 휴식을 좋아하지 않는다. 편한 마음은 가질 수 없는 곳이 일상이다. 이야기를 할 수 있고 또 들을 수 있기 위해서는 일상으로부터 벗어나는 지혜가 필요하다. 마음의 여유가 있어야 이야기도 제 역할을 해낸다.

좋은 말은 좋은 생각에서 비롯되고, 좋은 생각은 행복의 씨앗이 되며, 행복한 생각은 좋은 삶의 원인이 되고, 바로 그런 행복한 생각이 하늘을 날 수 있게 하는 능력까지 제공해 준다.

그것이 피터 팬이 아이들에게 가르쳐 준 '하늘을 나는 법'이었다. "아름다운 생각을 해! 그러면 날 수 있어." 생각을 아름답게 하라! 여기서 말하는 '아름다운 생각'도 같은 말을 번역해서 옮겨 놓은 것이다. 번역은 다양하지만 다 같은 말을 옮기고 있을 뿐이다. 그리스어로 '에우다이모니아Eudaimonia', 즉 '좋은 정령', '좋은 정신', '좋은 생각' 등의 뜻을 지닌 이 말을 철학자들은 '행복'이라 번역한다. 행복론, 그것은 좋은 말을 연구하는 학문의 영역이 되는 셈이다.

결국, 재미난 이야기를 만들어 내야 하는 이유는 사람이 행복하게 살기 위함이다. 사람들은 이야기에 갈증을 느낀다. 늘 하는 말이 '재미난 이야기를 좀 해 보라!'는 것이다. 자식이 부모에게, 혹은 부모가 자식에게, 선생이 제자에게, 제자들이 선생에게, 사랑하는 연인이 서로에게 요구하는 것도 이런 이야기다. 좋은 이야기 하나는 좋은 꿈의 원인이 되기도 한다. 생각하는 존재가 생각을 내려놓고 편히 잠들 수 있게 하는 것도 바로 이런 이야기의 힘이다. 헤어질 때 던져진 좋은 말 한마디가 그 사람을 별이 되게 한다.

생각만 해도 행복해지는 이야기가 분명 있다. 모든 이들은 이런 이야기를 듣고자 애타게 기다린다. 재미난 이야기 앞에 우리는 믿음을 형성하고 귀를 연다. 그때 마음의 문도 열리게 된다. 이야기의 흐름에 마음과 정신을 맡기고 나면 이상한 일들이 벌어진다. 바로 그때 사랑의 기적도 일어나게 된다. 이것이 바로 이야기의 힘이다. 신들의 이야기가 일궈 내는 세상은 상상을 초월한다. 시간과 공간을 초월하는 그런 이야기가 사람의 정신을 휘어잡는 것이다.

2.

신들의 전쟁과
패배의 결과

신화는 거인들의 전쟁에 관한 이야기를 들려준다. 신들은 바로 이 거인들의 후손이었다. 이 '거인들의 전쟁'은 그리스어로 '티타노마히아Titanomachia'라고 한다. 거인들의 권력투쟁이라고 할까. 세대 간의 갈등으로 이해해도 된다. 부모세대는 거인이라 자칭했던 세대다. 그리고 그 자식세대는 스스로를 거인이라 부르기를 거부하고 신들이라고 부르기 시작한다. 거인족은 크로노스의 지휘 아래 오트리스Othrys산을 중심으로 진영을 구축하고, 신족은 제우스의 지휘 아래 올림포스Olympos산을 중심으로 힘을 규합한다.

이 세상에는 시간이 흐르고 있다. 먼저 태어난 자가 있고 나중에 태어난 자가 있다. 먼저 태어난 자는 기득권이 되어 권력을 유지하려 하고, 나중에 태어난 자는 먼저 태어난 자들의 뜻을 따르지 않고 새로운 권력을 쟁취하려 한다. 결국 아버지와 아들은 목숨을 건 전쟁을 펼친다. 이것은 중세부터 현대까지 일관하는 선과 악의 싸움이 아니다. 예정된 논리도 없다. 권선징악의 뻔한 이야기는 신화가 아니다. 신화가 들려주는 이야기는 영리하고 강한 자가 승리한다는 이야기뿐이다. 악의가 선의를 이길 때도 있다. 오히려 승리에 의해 선의가 규정되기도 한다. 불의와 정의의 관계도 마찬가지다. 제우스가 멋져 보이는 것은 그가 보다 영리하고 더 강했으며 결국에는 지혜를 발휘해 승리했기 때문이다. 승리자의 면모를 그림이나 조각으로 형상화해 내야 하는 예술가라면 그런 측면을 부각시키는 데 주력해야 할 것이다.

신들의 전쟁은 11년 동안 지속되었다고 한다. 옛날 신들과 새로운 신들은 그렇게 오랜 세월 동안 싸웠던 것이다. 이 싸움에서 거인족이 패배하고 신족이 이겼다. 하지만 승리가 기쁨으로 이어지지 않는다. 신들은 수많은 이야기의 꽃을 피워 내는 씨앗이 될 뿐이다. 또 패배한 거인족이라 불렸던 옛날 신들도 결코 나쁜 신들이 아니었다. 오히려 신들의 우두머리인 제우스가 신들을 위한 제사음식으로 세상 사람들을 압박하는 대목에서 그의 본성이 드러나기도 한다. 요즈음 말로 하면 그는 세금을 더 많이 거둬들이려고 혈안이 되어 있는 악덕 정치가의 면모를 보이기도 한 것이다.

물론 패배한 자들에게는 엄청난 벌이 주어진다. 가장 강력했다는 거인 아틀라스는 우주를 짊어져야 하는 형벌을 받게 된다. 능력에 걸맞은 벌이 주어진 셈이다. 힘이 좋다고 하니 그 잘난 힘으로 한번 견뎌 보라는 의미로 우주를 짊어지게 한 것이다. 또 눈에 띄는 거인은 프로메테우스이다. 그가 받은 형벌의 내용은 다양한 이야기로 엮여 있다. 사람이 생각해 낼 수 있는 최고의 형벌이 총동원되어 있다고 할까.

3.

신에게 적대적인
인간의 친구

프로메테우스는 일반적으로 인간의 친구로 알려져 있다. 그는 '필안트로피아Philanthropia'의 전형으로 그려진다. 이 말은 '인간애'로 이해하면 된다. 근대 르네상스의 개념이라면 '휴머니즘 정신'으로 이해해도 된다. 인간 중심 사상이라는 얘기다. 프로메테우스의 마음속에는 오로지 인간을 향한 열정으로 가득 차 있다. 프로메테우스는 신을 사랑하지 않았다. 오히려 신에 대한 반감으로 충만한 것이 거인의 본성임을 증명해 낼 뿐이다.

신화의 내용은 이렇다. 제우스가 제사음식으로 인간들과 논쟁을 벌인다. 요즈음 말로 하면 세금이 문제였다. 제우스는 더 좋은 음식으로 채워진 제사를 바라고, 인간은 그런 제사 때문에 삶이 힘들어졌다. 이때 프로메테우스가 개입한다. 제사음식을 두 무더기로 쌓게 하고 그것 중에 하나를 제우스에게 선택하게 한 것이다. 한쪽은 보암직하게 살코기로 덮어 놓았지만, 실은 그 속에 쓸데없는 뼈다귀 같은 것만 채워 놓았고, 다른 한쪽은 쓸데없는 부위로 덮어 놓았지만, 실은 그 속에 먹음직스러운 살코기로 채워 놓았다. 제우스는 보기 좋은 무더기를 선택한다.

이런 잔꾀에 화가 난 제우스는 인간들에게 불을 사용하지 못하게 했다. 하지만 프로메테우스는 신들의 전유물이었던 그 불을 훔쳐다가 인간들에게 되돌려 준다. 또 이에 화가 난 제우스는 아들 헤파이스토스에게 그를 체포하여 세상 끝 코카서스 산맥의 암벽에 포박해 놓으라고 명령한다. 그곳에서 에톤이라 불리는 독수리가 날아와 날마다 간을 파먹었다고 한다. 그런데 간은 인간의 내장 중에 유일하게 재생이 가능한 부위에 해당한다. 밤이 되면 그것이 재생하고, 낮이 되면 독수리가 쪼아 먹는, 회복과 고통의 악순환 속에 갇혀 있었던 것이다.

그런데 헤라클레스가 화살로 독수리를 쏘아 죽이고 프로메테우스를 해방시켜 준다. 풀려난 프로메테우스는 인간세계로 되돌아와 자기를 닮은 사람을 창조한다. 진흙으로 자기 형상대로 사람을 창조한 것이다. 이 대목은 모세의 창세기 내용과 너무도 흡사하다. "하나님이 이르시되 우리의 형상을 따라 우리의 모양대로 우리가 사람을 만들고"(창세기 1:26), "하나님이 자기 형상 곧 하나님의 형상대로 사람을 창조하시되"(창세기 1:27), "여호와 하나님이 땅의 흙으로 사람을 지으시고 생기를 그 코에 불어 넣으시니 사람이 생명이 되니라."(창세기2:7) 즉 하나님이 창조한 사람에게는 하나님의 말씀이 생기의 원인이 된다. 같은 논리로 거인 프로메테우스가 창조한 사람은 그의 저항정신이 근간을 이루고 있다. 거인을 닮은 면모는 바로 그 점에서 특별한 능력을 보이기 때문이다.

　　프랑스의 상징주의 화가 구스타브 모로의 그림 중에 〈프로메테우스〉(1868)라는 작품이 하나 있다. 정말 상징적으로 잘 표현한 작품이다. 프로메테우스의 머리 위에는 불꽃이 일고 있다. 불을 훔쳐다 인류에게 가져다준 인물에 대한 상징적 표현이다. 또 그것은 분노를 상징한다. 그 분노의 방향은 신에게로 향한다. 기득권으로 집중한다. 도덕관념, 법의 정신, 진리 개념 등에 대한 저항의지를 불태운다. 하지만 그림 속에 제우스는 보이지 않는다. 전형적인 형이상학적 존재를 의미하는 대목이다. 눈에 보이지 않는 그 현상과 싸워야 하는 것이 인류의 숙제다. 거인족의 후예는 자신의 숙제를 바로 여기서 발견해 낼 수 있어야 한다.

　프로메테우스는 인간을 위해 신과 대적해서 싸운다. 그는 인간을 위해 희생을 한다. 그러나 신과 싸워 이길 수 있을까? 결과는 뻔하다. 결코 이길 수 없다. 그래도 포기할 수 없다. 생각하는 존재는 끊임없이 더 강력한 신의 형상을 만들어 내고야 말 것이다. 그렇다고 생각이 그 결과물에 만족할 수 있을까? 생각은 자유인데? 생각이 거듭될수록 더욱 강력한 신이 탄생한다. 그리고 더 심각한 전쟁이 발생한다. 싸움은 영원히 이어질 수밖에 없다. 신과의 전쟁은 인간의 문제가 된다. 이성적 존재는 끊임없이 이상형을 만들어 내고, 그 이상형은 늘 극복의 대상이 된다. 신을 넘어서려 할 때 프로메테우스의 정신이 전제된다. 넘어서는 인간, 즉 초인은 프로메테우스의 정신으로 무장하게 된다.

4.

판도라와 희망

프로메테우스 신화에서 또 하나의 흥미로운 이야기 하나가 연결된다. 그것은 희망에 대한 해석이다. 불을 훔친 사건으로 화가 났던 제우스는 헤파이스토스에게 인류에게 전할 재앙으로 상자를 하나 만들게 했다. 그 상자 속에 제우스는 온갖 종류의 재앙을 넣어 두고 그 상자를 판도라에게 일종의 결혼예물로 주었다. 그리고 판도라를 프로메테우스의 동생 에피메테우스에게 보낸다. 인간 세상에 온 판도라는 그 상자를 열어 본다. 그때 온갖 재앙이 인간 세상에 퍼지고 만다. 놀란 판도라는 상자를 닫는다. 그때 상자 속에 남은 하나가 희망이다.

제우스의 논리는 이렇다. 고생스럽기만 한 삶에 희망을

갖고 살아가는 꼴을 보며 신은 즐거워한다. 전형적인 악의의 논리다. '남의 불행은 나의 행복'이라는 악의적인 논리이기 때문이다. 제우스에 의해 밝혀진 신의 논리다. 하지만 인간의 입장에서 보면 논리는 그렇게 일방적으로 흘러가지 않는다. 다른 재앙과는 달리 희망은 그 속성이 재앙이기는 하지만, 인간의 손아귀에 전해진 것이다. 희망은 인간의 것이 되었다. 희망을 갖고 안 갖고는 인간의 의지에 달려 있는 것이다. 그것은 신의 뜻에 주어져 있는 것이 결코 아니다. 희망의 조건은 인간의 마음일 뿐이다.

　　사람은 희망을 갖고 잘 살 수 있다. 죽는 날까지 사람은 희망을 갖고 살 것이다. 스스로 목숨을 끊는다고 해도 죽음 이후의 삶에 대한 희망이 그런 결단을 내리게 한다. 희망은 삶을 삶답게 해 주는 최고의 무기가 된다. 희망을 갖고 안 갖고는 신이 시킬 수 없는 영역이다. 희망은 오로지 사람의 영역에 있을 뿐이다. 신은 재앙의 의미로 희망을 주었지만, 사람은 그것을 자기 자신을 위한 지혜로 전환해 놓는다. 희망은 곧 판도라가 전해 준 인류 최고의 선물이 되는 셈이다. 판도라라는 이름 자체가 이미 선물을 뜻한다. '판Pan'은 모든 것을 의미하고, '도라doro'는 '선물'을 의미한다. 사람들을 속이려고 제우스는 이 상자를 만들었지만, 사람은 온갖 재앙 속에서도 희망을 갖고 잘 살아가는 법을 알고 있다. 희망이 사람의 것이라서 그렇다.

판도라의 이야기는 이브의 이야기와 또 비슷한 논리로 엮인다. 둘 다 여자라는 것이 재미난 대목이다. 판도라에 의해 재앙이 세상 속에 퍼졌다는 내용이나, 이브 때문에 실낙원이 이뤄졌다는 내용이나 별반 다를 것이 없기 때문이다. 세상의 이 모든 것은 다 여자 때문이라는 논리가 여기서 발견되고 있다. 남성 중심의 이야기라고 할까. '다 너 때문에!'라는 피해의식도 엿보인다.

하지만 논리는 세우기 나름이고, 이야기는 하기 나름이다. 판도라에 의해 희망이 인류의 소중한 자산으로 해석될 수 있는 것처럼, 이브에 의해 인식의 일에 임할 수 있는 기회가 주어진 것으로 파악하면 그만인 것이다. 공부하는 재미도 바로 이브 때문에 가능하게 된 것이다. 호모 사피엔스, 즉 생각하는 존재도 다 이브 때문에 실현될 수 있었던 것이다. 선악을 알게 하는 인식능력은 이브 덕택임을 잊어서는 안 된다. 지금 이 순간, 이렇게 생각할 수 있는 것도 이브가 전해 준 선악을 구별하는 능력 때문에 가능한 것이다. 늘 이브에게 감사해야 할 일이다.

독일 속담에 '희망은 마지막에 죽는다'라는 말이 있다. 마지막 순간까지 삶을 이끌어 줄 이념 또한 희망뿐이다. 물론 희망은 절망과 균형을 이룰 수밖에 없다. 행복도 다행할 행幸 자를 쓴 것처럼, 즉 '다행이다!'라고 말을 할 수 있는 경우를 제대로 알아야 행복도 주어지는 것처럼, 희망은 오로지 절망을 전제할 때에만 의미를 제대로 갖게 되는 것이다. 희망 때문에 절망이 있을 수밖에 없는 것이다.

하지만 그 마지막 순간까지 절망을 딛고 일어서게 하는 것도 또한 희망일 뿐이다. 사람으로 삶을 선사 받고 태어난 이상, 평생을 살아가는 동안 희망을 가지는 지혜를 배워야 할 일이다. 희망을 갖는 것도 기술에 해당한다. 모든 기술은 연마하고 훈련해서 갖추어야 한다. 기술이 없으면 사는 것이 결코 녹록지 않다. 삶에는 공짜가 없다는 말도 있다. 한 순간을 살아도 최선을 다해야 한다. 한순간을 살아도 목숨을 걸어야 한다.

한순간을 살아도 신처럼 살고 싶다. 신의 존재를 알고 있는 이성은 그런 존재가 되려고 꿈꾸고 희망한다. 이성적 존재는 결코 현재와 현실에서 만족할 수가 없다. 대부분 사람들은 지금이 순간을 불평불만으로 대한다. 하지만 그렇게 세월을 허비할 것인가, 아니면 그런 현실을 극복하고 새로운 세상을 펼칠 것인가, 그것은 전혀 다른 이야기가 된다. 신이 되고 싶은 마음만 이해하면 희망의 원리는 가시권 안으로 들어올 것이다. 그것이 보이면 초인의 이상도 보일 것이다. 초인의 원리는 바로 이 희망의 원리로만 설명될 수 있다.

5.
아이스킬로스의
《포박당한 프로메테우스》와
고통에 대한 논쟁

헤시오도스 이후 300여 년이 흐른 뒤에 신화의 인물 프로메테우스는 비극의 전형이 된다. 그의 삶을 생각하면 비극적 현상이 떠오를 수밖에 없기 때문이다. 비극 작가 아이스킬로스는 《포박당한 프로메테우스》라는 작품 속에서 죄 없이 죄인이 되어야 하는 논리를 펼쳐 나간다. 거인의 비극적 운명을 목격한 관중은 슬픔에 휩싸인다. 비극의 조건은 해결의 실마리를 제공하지 않아야 한다. 타협의 여지도 없어야 한다. 선택의 여지가 없어야 한다. 그것이 진정한 비극적 상황이다.

고통에 대한 고민이 프로메테우스 비극의 핵심을 이룬다. 극중 프로메테우스가 이오와 논쟁을 벌인다. 이오는 모르고 당하는 고통이 더 고통스럽다고 주장하는 반면, 프로메테우스는 알고 당하는 고통이 더 고통스럽다고 말한다. 물론 둘 다 일리 있는 주장이지만 프로메테우스의 입장에서 보면 알고 당하는 고통이 더 힘들고 어렵다. 모르고 당하는 고통은 우연이지만, 알고 당하는 고통은 필연이다. 필연은 운명의 다른 이름이다. 운명을 직면하고 외면하거나 회피하지 않고 맞선다는 것은 거인의 일이다.

운명과 맞서면 고통만이 있을 뿐이라는 것을 알면서도 정면충돌을 선택한다. 이성적 존재는 스스로 이성을 포기하고 미칠 수도 있다. 그것도 안 되면 스스로 목숨을 거둬들일 수도 있다. 하지만 광기도 자살도 모두 거인의 것이 아니다. 거인은 오로지 운명과 맞서고 필연적인 고통을 직접 받고자 할 뿐이다. 아이스킬로스는 이런 고통의 의미를 전하고자 했던 것이다. 일종의 생로병사라 불리는 인류의 고통을 보여 주고자 했다.

이 밤이 지나고 나면, 날이 밝아지고 나면, 어김없이 또 다시 독수리가 날아와 그 날카로운 부리로 살을 찢고 들어와 간을 파먹을 것이다. 고통은 늘 새롭다. 얼마나 아플까? 상상만 해도 견딜 수가 없다. 매일 반복되는 이런 고통을 견뎌 내야 하는 것이 거인의 운명이다. 그는 원망하지 않는다. 자기 자신의 행동 때문에 이런 상황에 처했지만 그 행동에 대해 불만이 없다. 처참한 삶에 대해 후회도 없다. 그는 당연히 해야 할 일을 했고, 그 결과 당연히 받아야 할 몫임을 인정한다. 늘 거인은 당당하기만 하다.

사람을 사랑한 것이 죄인가? 중요한 질문이다. 천 년의 중세 동안 사람들은 오로지 신을 사랑했다. 아니, 신을 사랑해야만 했었다. 종교재판과 마녀사냥은 그런 기준 때문에 벌어진 불행한 사건들이었다. 신을 사랑할 것인가? 아니면 사람을 사랑할 것인가? 이런 갈등은 근대에 와서야 문제가 될 수 있었다. 왜냐하면, 인간애를 근거로 하여 세상을 바라보는 거인의 시각, 이런 고대의 세계관을 무너뜨리는 것이 중세의 세계관이기 때문이다.

중세인들은 사람보다 더 위대하고 성스러운 것으로 신을 내세웠다. 시간과 공간의 원리에 갇혀 있는 사람의 운명에 비하면 상상을 초월하는 신의 존재는 정말 한도 끝도 없이 펼쳐진다. 그런 신과 어떻게 싸울 수 있을까? 이런 싸움이야말로 계란으로 바위 치기가 아닐까? 헛수고가 아닐까? 프로메테우스 신화를 모티브로 한 아이스킬로스의 비극은 거인의 행위가 헛수고가 아님을 증명한다. 그것이야말로 비극의 모티브임을 치열하게 주장했던 것이다. 슬픔을 자아내는 명장면을 창조해 냈던 것이다. 고통을 주인공이 되게 했다.

사람은 모두 어떤 형식으로든 고통의 존재를 안다. 그냥 아프기도 한다. 사람이 아픈 데는 이유가 없다. 이유 없이 쓰러지기도 한다. 해맑은 날에도 눈물이 쏟아지기도 한다. 고통은 객관적이지 않다. 모든 고통은 주관적이다. 내가 있어서 고통도 있는 것이다. 자기가 인식하는 고통은 어느 누구에 의해서 결정되는 것이 아니다. 누구에게 고통은 누구에게 즐거움의 원인이 되기도 한다. 없을 수 없는 고통에 대한 인식은 그래서 깨달음의 경지로 인도하기도 한다. 동양의 사상이 대표적 사례라 할 수 있다.

불교에서는 우리가 사는 이 세상을 '사바세계'라고 한다. 산스크리트어로 '사바Sabha'는 '참고 견딘다'는 뜻이다. 즉 우리가 사는 이 세상을 잘 참아 내고 견뎌 주어야 깨달을 수 있다는 얘기다. 불교의 기원이 되는 힌두교에서는 '아스케제Askese'라는 말도 있다. 일반적으로 '금욕 고행'으로 번역하는 이 말은 원래 '훈련' 혹은 '연습'을 뜻한다. 사람은 끊임없이 연습해야 한다. 무엇을? 그것은 고행을 깨닫는 데 있다. 자기가 무엇을 힘들어 하는가? 그것을 알아야 고행을 할 수 있는 것이다. 힘든 것을 기어코 찾아내서 악착같이 행하는 것이 고행의 참뜻이기 때문이다.

금욕 고행, 그것이야말로 사람이 사는 최고의 지혜다. 이 것은 종교행위의 모범이 된다. 하고 싶은 것은 지양하고 힘든 것을 끝까지 추적하여 찾아내고 무슨 일이 있어도 반드시 실천 해 내고야 마는 그런 정열이 인식의 세계로 이끌어 줄 것이다. 깨닫고 싶으면 금욕 고행의 길을 고집해야 한다. 기독교의 이 야기로 하자면, 사막에서 하나님 말씀을 먹으며 40년 정도 버텨 줘야 구원을 받을 수 있다. 그 정도의 고통을 겪어 봐야 하늘나 라를 쟁취할 수 있다는 얘기다.

신화에서는 '므네모시네Mnemosyne 이야기'도 있다. 므네모 시네는 기억의 강에 대한 여신의 이름이다. 그 강물을 따라가 면 '아레테이아Aletheia', 즉 '진리의 세계'로 나아갈 수 있다. 수많 은 것을 기억해 두어야 그녀의 딸들, 즉 뮤즈들이 도와준다. 기 억된 것이 모이고 또 모여야 창조행위가 가능해진다. 기억행위 는 간단한 것 같으면서도 정말 기억하려고 애를 쓰기 시작하면 결코 쉬운 일이 아님을 알게 된다. 창조를 위한 영감은 오로지 적극적으로 또 의도적으로 기억해 둔 것이 있어야 도와준다. 그 녀들이 도와주면 창조의 정신이 불타게 될 것이고, 그런 정열이 진리를 깨닫게 해 준다는 그런 논리다.

고통은 인식의 원인이 된다. '인식'은 '깨달음'의 한자어이다. 따라서, 깨달음이라 말해도 되고 인식이라 말해도 된다. 무엇을 인식했는가? 그 말은 무엇을 깨달았는가와 같은 말이다. 고통은 결국 깨달음을 위한 전제가 된다. 그래서 고통은 감사할 일이다. 성경 구절에도 좋은 말들이 있어 몇 개 인용해 본다. "여호와 앞에 잠잠하고 참고 기다리라."(시편 37:7) 아프다 엄살 피우지 말고 모든 것을 견디며 기다려 달라는 것이다. "그러나 끝까지 견디는 자는 구원을 얻으리라."(마태복음 24:13) '그러나'에 방점이 찍혀 있다. 그럼에도 불구하고! 그 전제가 무엇이 되었든 상관하지 말아야 한다. 그저 끝까지 견뎌 주는 자가 하나님을 만날 것이다. "나의 멍에를 메고 내게 배우라 그리하면 너희 마음이 쉼을 얻으리니."(마태복음 11:29) 하나님의 멍에는 말씀이다. 수많은 구절을 외우고 기억 속에 담아 두어야 한다. "사랑은 오래 참고."(고린도전서 13:4) 오래 참으며 사랑을 실천한 자가 구원을 얻으리라. 이것이 성경, 즉 성스러운 신의 말씀이다.

프로메테우스는 참는 자의 이상형이다. 참는 자가 거인이다. 참고 견디면 깨달음의 기회가 주어진다. 그때까지 프로메테우스의 정신을 품어야 한다. 삶이 힘들다고 느껴질 때 그의 정신에 도움의 손길을 뻗어 보자. 아는 만큼 인식의 기회는 주어질 것이다. 아는 만큼 삶도 풍요로워질 것이다. 삶은 기회다. 깨달을 기회다. 깨달음의 경지는 한계를 전제한다. 필연과 운명을 전제한다. 그것을 알고 극복하는 자가 거인이다.

한계는 인간의 문제다. 신에게는 한계가 없기 때문이다. 운명은 사람의 문제다. 신에게는 운명이 없기 때문이다. 생각하는 존재에게 신은 운명처럼 따라다닐 것이다. 사람은 언제나 한계 앞에서 무릎을 꿇을 것인가, 아니면 그것을 한계로 인정하지 않고 전의를 다질 것인가 하는 기로에 서 있다. 거인이라면 포기를 모른다. 거인의 생각은 자유를 지향하는 것이 본성이라서 늘 신을 넘어서야 한다는 숙제가 주어져 있을 뿐이다. 그것이 인간의 운명이다. 그것이 거인을 닮은 초인의 운명이다.

II.

단테의 《신곡》과
세상을 관통하는 초인

1.

단테가 만든 말,
트란스우마나르

고대가 가고 중세가 들어섰으며, 중세가 가고 근대가 시
작되었다. '고대', '중세', '근대', '현대'는 역사가들이 시대를 구분
하는 대표적인 개념들이다.

고대는 신들의 세계이고, 중세는 기독교가 만들어 낸 형
이상학적인 존재로서의 유일신, 즉 여호와 하나님의 시대이고,
근대는 형이상학적 존재를 거부하고 다시 인간의 아름다움을
발견하는 시대이고, 현대는 인간보다는 자본의 이념, 즉 자본주
의를 전면에 내세우는 시대를 두고 하는 말이다.

현대인에게 성공과 돈 얘기 빼고 나면 할 얘기가 없을 정
도이다. 학생을 만나면 '공부 잘 하느냐?'라는, 공부 얘기를 빼고

나면 할 얘기가 없다. 현대의 질병이다.

풍당풍당 이론이 떠오른다. 고대와 근대는 다양성의 시대이다. 반면 중세와 현대는 유일성, 단일성의 시대이다. 중세는 신만이 해답이었고, 현대는 돈만이 해답이다. 풍당풍당 이론이 맞다면 현대 이후의 세대는 또다시 다양성의 이념을 근간으로 하여 세상을 바라보게 될 것이다. 단일성에 대한 회의가 당연한 것으로 인식될 것이다. '현대 이후'에 대한 이름은 아직 정해지지 않았다. 우리 모두가 현대인이라서 아직 '현대 이후'에 대한 이념이 요원하기만 할 뿐이다.

근대는 르네상스와 함께 시작했다. 르네상스 시절에는 말을 만들어 내는 것이 유행이었다. 중세 선배들이 즐겨 쓰던 권위적인 말에 싫증이 난 것이다. 진리를 독점하고 있는 말에 거부감까지 느꼈던 것이다. 중세인들이 권위를 인정하며 사용한 언어는 '키르헨라타인Kirchenlatein', 즉 '교회 라틴어'라 불렸다. 그 언어는 온갖 특혜를 누리며 정신세계를 점령하고 왕처럼 군림했다. 신학은 만학의 군주처럼 여겨졌다. 그리고 세상의 중심은 마치 수도원인 양 간주되었다. 그곳에서의 삶이 모범이라고 말하는 데 아무런 거리낌이 없었다.

이런 중세적 전통에 맞서 르네상스인들, 즉 근대인들은

'퀴헨라타인Küchenlatein'을 선호했다. '퀴헨'은 부엌이란 뜻이다. 공간적 개념이 교회에서 부엌으로 바뀐 것이다. 즉 수도원이나 교회에서 사용하는 말이 아니라 일반 서민들 사이에서 통용되는, 서민들의 언어라는 뜻이기도 하다. 퀴헨라타인은 그러니까, 일종의 말장난에서 비롯된 라틴어이다. 예를 들어 중세인들은 '메멘토 모리Memento mori'를 주장했다. 죽을 것이니 '믿고 천국 가라'고 가르쳤던 경고적이고 훈계적인 문구이다. 그런데 근대인들은 '메멘토 비베레Memento vivere'를 입에 담았다. 살아 있으니 '삶을 기억하며 살라'는 그런 의미로 유행했던 말이다. 근대인들은 삶을 이야기하는 데 주저함이 없었다. 죽음보다 삶이 더 낫다는 그런 인식이 근대인의 것이었다.

새롭게 등장하는 세대는 자기들만의 언어를 사용하며 일종의 선 긋기를 시도하는 것이 특징이다. 신세대는 늘 은어를 선호한다. 기성세대는 못 알아듣는 말을 하며 자기들만의 세상을 형성하는 데서 즐거움을 느끼기 때문이다. 르네상스인들도 과거에 인정받았던 권위에 도전하고 새로운 개념으로 새로운 어감을 창출해 내는 데 주력했던 것이다. 말이 생기면 가치관도 변한다. 가치관이 변하면 세상도 변한다. 새로운 시대는 이런 발상의 전환에서부터 시작된다.

교회는 천국을 이야기하며 먹고 살았다. 천국에 대한 희망을 전파하며 교회의 권위를 우뚝 세워 놓았다. 동시에 지옥에 대한 두려움을 키우면서 자기들의 가치를 드높여 놓았다. 천 년 동안 최고의 권위를 누려 왔던 형이상학적 개념들은 이제 현상의 논리 앞에서 맥을 못 추게 되었다. 현상은 눈에 보이는 것을 뜻하고, 현상계는 눈에 보이는 세상을 뜻한다. 르네상스인들의 눈에는 발을 붙이고 살아야 하는 이 땅의 이 세상이 보이기 시작했다. 보이지도 않는 세상을 천국이라 부르며, 살아서는 절대로 갈 수 없는, 오로지 죽어서만 갈 수 있다는 그곳을 동경하며 살기보다는 이 땅에서 사는 동안 재미있게 살고 싶은 것이다. 흙이 더럽다고 흙을 보던 선배들의 가치관에 돌아서서 오히려 그 더럽다고 말했던 이 세상에 더 큰 애착을 느끼기 시작했다. 눈에 보이지 않는 천국보다 눈에 보이는 세상이 더 관심거리가 되었다.

초인으로 번역될 수 있는 최초의 언어는 단테에 의해서 만들어졌다. 그가 만든 말은 '트란스우마나르Transumanar'라고 한다. '트란스'는 '관통해서', '너머', '넘어선', '저쪽의', '내세의' 등의 뜻을 지닌 말이고, '우마나르'는 '인간'을 뜻한다. '넘어선 인간', '넘어서고 있는 인간', '저쪽에 있는 인간', '저쪽으로 넘어가고 있는 인간' 등으로 번역하면 된다. 어떻게 번역하든 초인은 넘어서는 행위에 초점이 맞춰져 있는 것이 핵심이다. 그것이 이 새로운 인간의 본성을 형성한다.

초인을 초월적인 존재로 생각하면 안 된다. 비현실적인 능력을 가진, 소위 초능력을 지닌 그런 할리우드의 영웅을 떠올리면 안 된다. 초인은 규정되고 결정된 그런 존재가 아니다. 초인은 '넘을 초^超' 자를 쓰고 있다는 점에서 많은 생각을 거듭해야 한다. 무엇을 넘고 있는지, 어떻게 넘고 있는지, 넘어서서 무엇을 경험하고 바라보고 있는지 등을 생각할 수 있어야 한다. 초인 사상은 늘 넘어서야 할 대상을 인식하고, 그 인식을 근거로 하여 그다음 행위를 끄집어 내는 집념의 결정체이다.

넘고 또 넘어, 어디까지 넘어설 수 있는가? 그것이 초인을 생각하는 저자, 즉 단테의 관심사였다. 생각하는 존재에게 생각은 무기가 된다. 반대로 생각을 잘못 사용하면 자기가 다칠 수도 있다. 생각은 잘 다뤄야 한다. 아주 예민한 무기이기에 조심해서 다뤄야 한다. 이성의 칼날은 자기 자신과 연결되어 있기 때문에 지속적인 훈련을 통해 장인의 솜씨를 갖춰야 한다. 생각하는 존재는 죽을 때까지 생각을 해야 하기 때문에 목숨을 건다는 마음으로 생각의 훈련에 임해야 한다.

2.

천국 문 앞까지
가는 것이 관건

　단테의 초인은 천국을 지향한다. 천국의 문 앞에서는 베아트리체Beatrice가 길을 인도한다. 이 이름은 특히 이탈리아에서 여성의 이름으로 널리 사용되었고, 그 뜻은 '성스럽게 만들어 주는 여자'라는 의미다. 세속적인 곳에 있던 삶을 천국의 삶으로 바꿔 주는 그런 존재로 해석될 수 있다. 아무것도 아닌 것이 그녀에 의해 특별해진다고 해석해도 된다. 베아트리체는 삶의 의미를 바꿔 놓는 그런 힘을 지닌 존재이다. 그녀의 역할은 천국의 세계를 맛보게 한다는 데 있다.

　베아트리체는 천국을 보여 주고 알게 해 주는 존재이다. 새로운 경험은 오로지 그녀의 도움으로만 가능하다. 살아서는 맛볼 수 없는 전혀 다른 인식의 세계도 그녀가 함께 해 주기만 하면 살아서도 실현될 수 있다. 이성의 논리로는 도저히 이해할 수 없는 그런 세상을 경험하게 해 주는 존재, 그가 바로 베아트리체라는 이름의 의미이다. 생각하는 존재가 더 이상 생각할 수도 없는 그런 지경까지 인도해 주는 존재가 베아트리체다. 무아지경, 황홀지경, 물아일체, 극락, 천국, 그 최고의 경지를 뭐라고 부르든 상관없다. 그런 이름으로 불리는 대상에 대한 인식만 있으면 된다.

천국에 들어가는 조건은 베아트리체를 만나는 것이다. 그녀의 인도를 받지 못하면 보고도 보지 못하는 꼴이 되고 만다. 인식은 감각으로 전달된 정보에 대해 의미를 부여하는 과정에서 형성되는 것이다. 인식, 즉 깨달음이라는 것은 본다고 다 보이는 것이 아니라는 사실을 알게 될 때 실현된다. 듣는다고 다 들리는 것이 아니라는 사실을 알게 될 때 새로운 소리의 세계가 펼쳐진다. 모든 인식은 그 의미의 발견 속에서 실현되고 완성되는 것이다. 그것이 깨달음의 수수께끼다. 도대체 우리는 어떤 사물에서 무엇을 깨닫게 되는 것일까? 이 질문 앞에서 우리 모두는 한참을 머물러 있어야 할 것이다.

이제 문제는 분명해진다. 베아트리체, 그녀 앞까지 가는

것이 관건이다. 천국으로 들어가는 그 문 앞까지 가야 그녀가
도와준다. 그녀의 도움으로 마침내 '인간의 조건을 초월'할 수
있게 된다. 인간의 조건? 그것을 아는 것도 관건이다. 넘어서려
면 넘어서야 할 대상부터 인식을 해야 한다는 것이 문제라는 얘
기다. 자기가 누군지 모르면 자기를 넘어설 수도 없다. 이것이
문제다. 이것이 인간의 문제다. 그래서 아폴론 신전에는 '너 자
신을 알라'라는 문구가 적혀 있었다. 바로 이런 연유에서 단테
는 천국편을 시작하면서 아폴론에게 도움을 청하는 노래부터
했던 것이다.

아폴론에게 도움을 받을 수 있는 조건은 그의 명령을 듣
고 순종하고 실천해 냈어야만 충족된다. 그가 요구한 숙제를 풀
지 못했다면 결코 그를 만날 수도 없다. 아폴론이 보이는가? 그
의 도움이 느껴지는가? 그런 감정은 '너 자신을 알라'는 말귀
를 알아듣고 또 그 명령 속에서 해답을 얻어 냈을 때에 분명해
진다. 자기 자신을 알고 나면 이제 아폴론의 도움을 받을 자격
을 갖춘 것이다. 아폴론이 자기 앞에 모습을 드러낼 것이다. 그
는 빛의 존재이다. 천국은 빛으로 충만한 세상이다. '빛이 넘치
는 천상'을 보는 것은 특별한 체험이다. 빛 속에서 빛과 함께 하
나가 되는 그런 느낌은 오로지 천국에서만 가능한 일이다. 그리

스어로 '엠피로스Empyros'는 '불꽃 속에 있음'을 뜻한다. 지옥의 불과는 전혀 다른 불이다. 천국의 불은 꽃을 연상시킨다. 그래서 불꽃이라 불리는 것이다. 천국에서 경험하게 되는 현상이 이런 것이다. 가장 높은 곳에 이르렀을 때 보이는 빛의 축제라고 할까. 휘황찬란한 현상을 떠올리면 될까.

천국은 특별한 자들의 것이다. 생각하는 일에 충실했던 자만이 들어설 수 있는 세상이다. 이성을 가진 자가 이성을 잘 다룰 수 있는 능력을 갖추었을 때에만 주어지는 기회의 땅이다. 아무나 다 들어갈 수 있는 그런 곳이 천국이라면 아무런 의미도 없다. 르네상스인들은 천국을 그런 식으로 호도하지 않는다. 오히려 그들은 천국으로의 길이 결코 쉽지 않음을 보여 주고자 한다. 르네상스 작가 단테는 천국으로 가는 그 길이 어떤 것인지, 산다는 것이 무엇인지 그 과정을 오롯이 문학적으로 설명하고 있는 것이다.

르네상스 시대에 유행했던 또 다른 개념으로 '우오모 우니베르살레Uomo universale'라는 말도 있다. 이는 '우주적 인간'으로 번역하면 된다. 르네상스인들의 이상형이다. 어느 좁은 이념의 틀에 얽매이지 않는, 그야말로 우주적 존재를 뜻한다. 힌두교의 개념으로 말하면 아트만과 브라만이 합일을 이룬 상태, 즉 무아지경을 지칭하는 말이기도 하고, 불교의 이념으로 말하면 성불이 된 존재, 즉 욕망의 불이 다 꺼져 버리고 사물 세계로 나가 버린 해탈의 경지라고 말할 수 있으며, 기독교의 교리로 말하면 이것이야말로 '우니오 미스티카Unio mystica', 즉 '신성과 결합을 하는 신비로운 결혼식'이 되는 것이다. 신랑처럼 오는 하나님과 마침내 결혼식을 올리는 그런 경지다. ("보라 신랑이로다 맞으러 나오라."(마태복음 25:6)) 이런 소리는 제대로 된 방법으로 제대로 기다리고 있던 자들에게만 들리는 법이다.

우오모 우니베르살레나 트란스우마나르나 모두 르네상스 시대에 등장한 인간의 모범을 제시하는 개념들이다. 한계를 넘어서서 저세상의 경지에까지 오를 수 있는 자가 후자의 것이라면, 전자의 것은 그 한계를 우주로까지 넓혀 나갈 수 있는 존재를 지칭한다. 넘고 넘어 무한의 영역으로 들어선 자의 앞에 펼쳐지는 세계가 이런 우주적 세계이다. 온 우주가 잘 정제된 보석처럼 빛난다. 그때가 되면 '코스모스Kosmos'도 보인다. 코스모스라는 말 자체가 이미 '보석'이란 뜻이다. 보석처럼 아름다운 이런 우주를 연구하고자 하는 곳이 '우니베어지타스Universitas', 즉 '대학'이다. 중세가 신을 공부하는 신학의 시대였다면, 근대는 사람 사는 세상 전부를 연구의 대상으로 삼는 시대가 된 것이다.

3.

중세를 거부하는
근대 르네상스의 이념

고대는 중세에 의해 무너지고 말았고, 중세는 근대에 의해 서서히 역사의 뒤안길로 접어들게 되었다. 근대는 르네상스라는 개념과 함께 시작했다. 르네상스는 말 그대로 직역을 하면 '다시 태어나다'라는 뜻이다. 이 말의 뜻은 이미 한 번은 태어났었음을 전제하는 것이고, 또 그다음에는 죽어 있었다는 것이 반드시 전제되어야 한다. 근대인들은 중세 선배들을 향해 '아에타스 옵스쿠라_{Aetas Obscura}', 즉 '암흑기'에 살았던 사람들이라고 평가했다. 그들이 바라본 빛은 형이상학적 빛이었다. "나는 세상의 빛"(요한복음 8:12)이라고 말하는 신, 스스로를 빛으로 간주하는 그런 신만을 주목했던 것이다. 그 외의 빛은 빛으로 바라보려 하지도 않았다.

근대인들은 중세의 빛을 대체할 수 있는 것으로 진정한 세상의 빛을 보여 주고자 했다. 현상의 원리를 거부하지 않고 그것을 있는 그대로 보려 했던 것이다. 가까운 것은 가까운 대로 그리고 먼 것은 먼 대로 그려 내려고 했다. 그것이 원근법이라는 개념으로 설명되었을 뿐이다. 중세의 화가들처럼 상상으로 사물을 그려 내는 데 싫증이 나 있었던 것이다. 증명할 길이 없는 신의 얼굴에 대해서조차 그것을 그려 내는 학문이 탄생할 정도였다. 남자를 그려야 한다면 육체를 갖고 이 세상에 모습을 드러냈다는 예수를 그려 내는 것이 당연했고, 여자를 그린다면 성모 마리아가 그 대상이 되었다. 천 년 동안, 이 생각에는 변함이 없었다. 하지만 천재들이 등장했다. 르네상스인들은 자화상이나 초상화를 그려 내는 데 더 관심을 쏟았다. 이들은 사람의 얼굴을 더 그리고 싶었던 것이다.

시인 페트라르카는 인류 역사상 최초로 '르네상스-인문주의'라는 말을 사용했다. 중세인들이 신 중심 사상으로 천국을 응시했다면, 르네상스인들, 즉 근대인들은 인간 중심 사상으로 세상을 바라보았다. 사람 사는 세상을 주목했던 것이다. 사람들 눈에 보이는 것이 달라졌다. 전에는 보이지 않던 것이 보이기 시작했다. 르네상스의 천재들은 새로운 것을 보기 시작했고, 그들이 본 것을 예술의 형식으로 형상화해 낸 것이다.

중세에는 죽음이 주인공이었다. 죽음을 기억하라고 외쳐 대며 죽음을 상기시키는 데 주력했던 시절이다. '죽음'에 대한 고민만이 정당했다. 죽음에 대한 기억만이 중세의 좌우명처럼 간주되었다. 죽음 이후를 대비하라는 것이었다. 신을 믿고 함께 천국 가자는 좋은 뜻으로 받아들일 수도 있지만 아무도 죽어 본 자가 없어서 오히려 두려움을 유발시키기에 충분한 문구였다. 중세는 두려움의 시대라고 해도 된다. 죄의식으로 충만한 시대였던 것이다.

일상이 교회를 중심으로 돌아가던 시대가 중세다. 모든 행정도 하물며 법정까지도 교회가 점령하고 말았다. 황제조차 교황 앞에서 무릎을 꿇고, 그가 씌워 주는 왕관을 써야 했으며, 그렇게 해서 권력을 교회라는 기관으로부터 인정받아야 했다. 황제 위에 교황이 있었던 것이다. 하지만 '믿어도 안 된다'라는 인식이 마침내 퍼져 나갔다. 믿는다고 삶의 형편이 실제적으로 나아지는 것은 없다는 인식이 일반화되어 갔던 것이다. 그러면서 중세의 세계관에 도전장을 내밀기 시작했다. 하늘나라가 어떤 곳인지, 아니 그토록 사람들을 위협했던 지옥과 연옥에 대해서 말을 하기 시작했다. 해서는 안 되는 말들을 하기 시작했다. 말도 함부로 꺼내지 못했던 내용들에 대해 용기가 생긴 것이다.

천국에 들어서기 위해 거쳐야 하는 영역으로 단테는 지옥과 연옥을 이야기한다. 중세인들은 이곳을 두려워했다. 또한 배타적 이분법으로 세상을 바라보았다. 지옥과 연옥은 각각 죄를 지은 자들과 믿지 않는 자들이 가야 할 곳으로 설정해 놓았다. 그리고 믿는 자들은 오로지 천국에 이를 것이라고 단언을 했다. 하지만 믿음은 주관적인 문제다. 소위 '네가 믿음이 있는가?' 하고 누군가가 물어 오면 누구나 다 양심의 가책을 받게 되어 있다. 어떤 목사는 수십 년 동안 설교를 해 오면서도 믿음에 대한 시험에 빠지기도 한다. 아무나 붙들고 종교재판에 세우면 믿음에 문제가 있음을 밝혀 내고야 말 것이다. 털어 먼지 나지 않는 사람 없기 때문이다. 어떤 믿음이건 거기에는 먼지가 묻어 있기 마련이다.

4.

제목《신곡》이
시사하는 의미

'신곡'으로 번역한 이탈리아 원어는 '디비나 코메디아Divina

Commedia'로 '신의 코미디'라는 의미다. 코미디는 일반적으로 사

회병폐나 인간생활 등을 웃음거리를 섞어서 풍자적으로 다룬

극 형식을 일컫는다. 신이 주체가 아니라, 신은 그저 수식해 주

는 낱말에 불과하고, 주체는 '코메디아'에 실려 있다. 심각한 문

제를 웃음을 동반하여 이야기한다는 것이《신곡》(1307-1321)을 집

필하고 있는 저자의 본심이다. 두려워하거나 걱정 근심에 빠지

게 하기 위해 이런 이야기를 들려주는 것이 결코 아니다.

성경 속 하나님이나 천사가 사람들에게 나타날 때마다 늘

'두려워하지 말라'는 말부터 하는 것처럼, 단테도 저세상에 대한

이야기를 들을 때 겁부터 먹지 말라고 당부하고 있는 듯하다.

인생의 중반기에
올바른 길을 벗어난 내가
눈을 떴을 때는 컴컴한 숲속이었다.
그 가혹하고도 황량한, 준엄한 숲이
어떠했는지는 입에 담는 것조차도 괴롭고
생각만 해도 몸서리쳐진다.
그 괴로움이란 진정 죽을 것만 같은 것이었다.
그러나 거기서 만난 행복을 이야기하기 위해
거기서 본 두세 가지 일을 이야기할까 한다.

단테의 《신곡》은 이런 말과 함께 시작한다. 두려움을 극복하고 이야기를 하고자 하는 의도가 엿보이는 대목이다. 이런 의도가 르네상스적인 분위기를 형성해 준다.

다시 제목의 의미를 곱씹어보며 독서에 임해 보자. 무엇보다도 이 이야기는 희극의 형식으로 씌어졌음을 깨달아야 한다. 사람을 웃길 요량으로 글을 썼다는 것을 인정하고 독서에 임해야 한다. 단테는 인생의 중반기에 '죽을 것만 같은' 느낌을 받으며 눈을 떴다고 고백했다. 인생의 중반기에 찾아든 갑작스러운 현실 인식이다. 삶 자체가 위기에 처했다. 삶 자체가 숲속에 있었던 것이다. 숲! 빛이 부족한 곳이다. 어둡다. 위험이 곳곳에 도사리고 있다. 과거 같으면 하나님께 도움의 손길을 내밀었을 것이다.

숲속에 있다. 근대인 단테가 처한 현실이다. 길이 있어도 길이 제 역할을 하지 못하는 곳이다. 그래도 단테는 포기하지 않는다. 거기서도 행복을 만났다고 말한다. 그것을 이야기하겠다는 것이 이 글을 쓰게 된 계기가 된다. '행복을 이야기하기 위해' 단테는 존재했던 것이다. 단테의 저서 《신곡》은 중세 철학자들의 권위적인 진지함으로 씌여진 것이 결코 아니다. 가벼운 마음으로 웃어 가면서 읽어야 할 책이다. 그 안에는 행복한 이야기가 가득하다. 모두가 웃어넘겨야 할 이야기들이라는 얘기다. 르네상스인들의 어감을 찾아가며 읽어야 한다. 그들이라면 배꼽 잡고 웃음보를 터트렸어야 할 그런 대목을 찾아내야 한다.

문제는, 우리 모두가 현대인이라서, 즉 중세의 틀에서 아직도 벗어나지 못한 상태라서, 르네상스인들의 어감을 잘 이해하지 못한다는 데 있다. 근대는 1500년경부터 시작되었다고 한다. 그래봐야 지금까지 겨우 500년쯤 흘러갔을 뿐이다. 중세 천

년에 비교하면 이제야 반쯤의 시간이 흘러간 셈이다. 양적으로 계산하면 아직도 500년쯤 더 흘러가야 겨우 중세를 넘어설 수 있게 될 것이다. 그렇다면 우리 동시대인들은 결단코 현대 이후에 대해서는 경험도 해 보지 못하고 죽어 갈 것이다. 500년 이상 살아남을 사람은 아무도 없기 때문이다. 하지만 세상의 변화는 그렇게 양적인 의미로만 이루어지지 않는다. 생각하는 존재는 생각 하나 바꿈으로써 모든 것을 바꿀 수도 있는 능력의 소유자이다.

단테도 천사처럼 말한다. 두려워하지 말라. 겁먹지 말라. 그의 문체는 '돌체 슈틸 노보Dolce stil novo'라 해서, 즉 '즐겁고 새로운 문체'의 전형으로 꼽힌다. 무엇이 즐거운 것일까? 그것은 오로지 '비타 노바Vita nova', 즉 '새로운 인생'만을 이야기하고 있다. 그렇다면 또 무엇이 새로운 인생일까? 그것은 중세 천 년 동안 들어 보지 못한 삶의 이야기일 뿐이다. 천 년 동안 천국에서의 삶에 대해 익숙해 있었다. 그런 이야기가 정의롭고 성스럽다고 간주되어 왔던 것이다. 이제 르네상스인들은 그것에 등을 돌리고 현세를 바라본다. 이 세상에서 새로운 삶의 현장을 발견하고, 중세인들이 그토록 겁을 냈던 이 삶의 현장을 관찰하기 시작한 것이다.

"살리는 것은 영이니 육은 무익하니라."(요한복음 6:63) 이런 소리를 양심의 소리로 간주했던 것이 중세인들이다. 육체는 무익하다. 몸, 신체, 육체, 이런 개념에서 성스러운 감정을 형성해 내지 못했다. 몸에 대한 이야기는 상스러운 것으로 간주되었다. 아무리 몸이 아름답다고 말해도 그것은 결코 아름다운 소리가 될 수 없었다. 몸을 대상으로 삼은 이야기는 모두 더럽고 흉측한 소리로 들리게 해 놓은 것이다. 성생활에 대한 이야기를 과감하게 펼쳐 보인 작가가 있다면 바로 보카치오이다. 그의 대표작 《데카메론》(1353) 속에 담겨 있는 이야기들은 중세를 무너뜨리기에 충분했다. 그의 용기는 가히 르네상스적이라 말할 수 있다. 온갖 신체 부위에 대한 개념을 문장 속에서 다뤄 낼 때 현대 독자마저 쑥스러움을 금치 못할 때가 종종 있다. 이런 쑥스러움이야말로 진정 중세의 흔적이 아닐까 싶다.

성경은 수치심의 기원을 에덴동산으로 엮어 놓았다. 그 신의 동산에는 나무가 대표적으로 두 그루 있었다. 하나는 '생명의 나무'이고, 다른 하나는 '선악을 알게 하는 나무'였다. 신은 생명의 나무의 열매는 먹어도 되지만, 선악을 알게 하는 나무의 열매는 절대로 먹지 말라 했다. 그것을 먹으면 '반드시 죽으리라'고 경고하기까지 했다. 신은 거짓말하지 않는다. 신은 진실만을 이야기한다. 그런데 그것을 먹은 사람들의 반응은 성기를 가리는 행위였다. 신의 시각으로 보면, 그 행위는 그러니까 죽음 외에 그 어떤 것으로도 해석이 안 된다. 성기를 가리고 그것을 부끄럽게 간주하는 것 자체가 이미 죽은 것이나 다름없다는 얘기가 되는 것이다.

르네상스의 천재 화가들은 누드를 그려 냈다. 벌거벗은 사람들의 모습을 그려 내는 데 주력했다. 그런 외모에서 수치심을 가지기는커녕 오히려 새로운 감각의 아름다움을 발견하려 했다. 죽음까지 운운했던 몸에 대한 인식에 혁명이 일어났다. 사람의 몸을 직시하며 새로운 미적 감각을 형성하려 했다. 사람 사는 곳에서 진정한 가치를 발견하려 했다. 이런 발견의 여행이 르네상스의 문화적 운동이었던 것이다. 사람은 아름답다. 사람보다 아름다운 것은 없다. 아무리 자연이 아름답다고 해도 사람의 아름다움에 비교하면 아무것도 아니다. 진정 사람의 마음을 움직이고 가슴을 뛰게 하는 것은 오로지 사람밖에 없다. 사랑도 사람과 함께 하는 사랑이 최고의 사랑이다. 이런 인식이 르네상스의 인식이다.

5.

로댕의
〈생각하는 사람〉

《신곡》은 지옥 편부터 이야기가 시작된다. 그래도 두려움으로 이야기를 펼치지 않는다는 것은 이미 언급한 바 있다. 오히려 코미디의 형식을 발견하면서 독서에 임해야 한다. 단테는 베르길리우스가 안내해 주는 여행자일 뿐이다. 여행자의 시선에는 사물과의 거리감이 유지된다. 마치 영화관에서 영화를 보듯이 현장을 인식하는 것이다. 괴로워하고 힘들어하고 울고 슬퍼하는 온갖 장면들을 단테는 조용히 관찰하기만 한다. 이것이야말로 진정한 르네상스인의 시각이요 시선이다. 흔들림이 없다. 안정적이다. 발견의 시대에 발견자의 시선으로 세상을 바라보고 있을 뿐이다. 정말 치밀하고도 차분하다.

이런 지옥의 여행장면을 읽어 가며 감동을 받은 현대 조각가가 한 명 있다. 그가 로댕이다. 그는 죽기 직전까지, 자기 생애의 마지막 37년이라는 세월 동안 줄기차게 하나의 작품을 완성하는 데 열을 올렸다. 그 작품이 바로 〈지옥의 문〉(1917)이다. 우리는 이 작품의 전체를 알기보다는 그 작품의 일부분인 〈생각하는 사람〉을 더 잘 알고 있을 뿐이다. 로댕은 이 〈생각하는 사람〉을 〈지옥의 문〉 위에 앉혀 놓았다. 그 사람을 제발 좀 주목해 달라고 그 주변에 서 있는 사람 형상을 세 개 만들어 똑같은 자세로, 즉 왼손으로 이 〈생각하는 사람〉을 가리키고 있게 해 놓았다. 모든 시선은 오로지 이 '생각하는 사람'에게로 집중하고 있을 뿐이다.

왜 로댕은 이 〈생각하는 사람〉을 〈지옥의 문〉 위에 앉혀 놓았을까? 그것은 지옥에 대해서 생각 좀 해보라는 메시지가 아닐까! 이것이야말로 로댕이 평생을 예술에 바친 결과 얻어 낸 마지막 교훈이 아닐까! 그 세 사람의 손짓은 사람을 관찰해 달라는 신호가 아닐까! 신을 관찰하지 말고! 천국을 관찰하지 말고! 이제부터는 제발 좀 지옥을 생각해 달라고! 불교에서 말하듯이 이 세상이 '고해苦海', 즉 '고통의 바다'라면 그 바다를 외면하지 말고 응시해 달라고! 파도를 보지 말고 바다를 봐 달라고!

우리가 사는 이 세상이 참고 견뎌야 하는 사바세계라면, 정말 끝까지 참고 견뎌 달라고! 이런 소리를 하려고 로댕이 〈지옥의 문〉을 만들어 놓은 것이 아닐까?

지옥? 지옥은 있을 수 있다. 하지만 그곳이 내세에 있다고? 그것은 아니다. 지금 사는 우리 이 세상이 지옥도 되고 연옥도 되고 천국도 된다. 이 세 가지 영역은 모두 여행지에 불과한 것이다. 근대인 단테는 분명 이런 곳들을 여행했던 인물이다. 자기 자신의 삶이 지금 어떤 여행지에 있는가? 그것은 생각하는 존재가 어떤 생각으로 삶에 임하고 있는가에 달려 있을 뿐이다. 지금 이 순간, 그대는 무슨 생각을 하며 살아가고 있는가? 그 생각에 의해 이 세상은 지옥도 되고 연옥도 되고 천국도 된다. 즉 대답은 자기 자신의 몫이다. 하나님에 의한 천벌의 개념으로 받아들이지 말라는 신호인 것이다. 그것이 근대인의 대답인 것이다.

삶에 대해 고민을 하는 일에 겁먹지 말라. 삶의 영역을 여행하는 일에 두려워하지 말라. 발견의 시대를 맞이하여 발견의 의무를 다해 달라는 요구가 있을 뿐이다. 보고도 보지 못하는 실수는 이제 그만해야 한다. 믿음의 논리로 허무맹랑한 위로를 해 주려는 의도도 이제는 그만 지양되어야 한다. 삶을 감당하려면 생각하는 사람의 근육이 보여 주듯이 힘도 있어야 한다. 힘이 있어야 관찰도 제대로 할 수 있는 것이다.

힘이 있으면 뭐든지 재밌다. 힘차게 뛰어다니며 재밌게 놀 수 있다. 힘이 있으면 춤도 출 수 있고, 물구나무서기도 가능하다. 힘이 있으면 세상이 온통 놀이터가 되어 준다. 어딜 가도 놀 수 있기 때문이다. 건강한 사람에겐 독이 든 주사도 예방주사쯤으로 간주될 뿐이다. 그런 주사 한 방 맞았다고 죽지 않는다. 오히려 면역력은 더욱 강해질 것이다. 정신에도 이런 힘이 요구된다. 그래서 정신력이라는 말을 하게 되는 것이다. 근육처럼 정신의 근육도 사용하면 사용할수록 더욱 강해질 것이 뻔하다. 신경을 쓰지 말고 정신을 쓰라! 이것이 근대인이 전하는 삶의 지혜인 것이다.

사람의 조건은 현상의 원리에 뿌리를 둔다. 현상의 원리는 시간과 공간의 원리를 전제한다. 한 사람은 동시에 여기에 또 저기에 존재할 수 없다. 두 사람이 동시에 한 곳의 정해진 지점을 점유할 수도 없다. 사람은 어쨌거나 혼자라는 운명을 짊어지고 살아야 한다. 그래서 사랑을 신의 이름으로 간주하는지도 모를 일이다. 하지만 그것은 형이상학적 대답일 뿐이다. 근대인들은 현상 속에서 실제적인 답을 원했을 뿐이다. 영국의 르네상스 작가 셰익스피어의 《로미오와 줄리엣》의 이야기에서처럼 로렌초 신부의 도움은 사랑의 이야기를 비극으로 치닫게 해 줄 뿐이다. 모든 예상은 예상 밖의 일들로 인해 꼬이고 만다. 이것이 사람 사는 곳의 이야기다. 세상에는 뜻대로 되는 일보다 뜻대로 안 되는 일들이 더 많다.

그렇다고 해서 이 고통의 바다라 불리는 현실을 무시하고 외면해야 할까? 아니다! 이 세상이 지옥이라 하면, 단테처럼 웃음으로 마음의 준비를 단단히 하고, 또 희극의 형식으로 이성을 무장하고 여행에 임해 볼 일이다. 헛된 여행은 되지 않을 것이다. 그곳이 진정한 지옥이라면 좋은 경험을 하게 해 줄 것이다. 이런 힘든 길들을 끝까지 견뎌 낼 때 급기야 천국 문에 이르게 되는 것이다. 천국에 가려면 지옥부터 거쳐야 한다. "좁은 문으로 들어가기를 힘쓰라."(누가복음 13:24) 맞는 말이다. 하지만 지옥의 문부터 통과해 내야 한다는 것을 잊지 말아야 한다. 정상에 오르려면 첫 번째 계단부터 밟아야 한다. 그것이 이 세상의 논리이다. 초인은 극복하는 존재라 했다. 한 계단 한 계단 모두가 극복의 대상이 될 뿐이다. 극복하고 있는 한 인간은 초인이라 불릴 자격이 있는 것이다.

Ⅲ.

세르반테스의 《돈키호테》와
광기의 기사

1.

르네상스의
이야기들

1605년 스페인에서 세르반테스는 《돈키호테》를 집필하여 세상에 내놓는다. 바로 이 시기에 영국에서는 셰익스피어가 4대 비극을 무대 위에 올려놓는다. 《햄릿》(1601), 《오셀로》(1604), 《리어왕》(1605), 《맥베스》(1608)가 그것이다. 그러니까 《돈키호테》는 《리어왕》과 동갑내기가 되기도 한다. 비록 이 발행연도들은 정확하지 않다는 점을 감안하더라도, 그 시기에 널리 퍼져 있던 세속적인 생각들을 읽어 낼 수는 있을 것 같다.

돈키호테와 햄릿은 대립적이다. 돈키호테는 행동을 앞세우고 거침이 없다. 그래서 미치광이 소리를 듣는다. 이에 반해 햄릿은 심사숙고를 하다가 때를 놓치는 경우가 태반이다. 좋은 생각도 너무 오래 하면 비극의 원인이 된다. 햄릿은 비극적 인물로 경계의 대상이 되고, 돈키호테는 긍정의 이미지로 불멸이 된다. 일종의 초인의 이미지로 남겨진다.

세르반테스나 셰익스피어나 둘 다 이야기꾼이다. 세르반테스는 말로 옮기는 재주가 있었고, 셰익스피어는 무대 위에 행동으로 보여 주는 재주가 있었다. 둘은 새로운 시대의 현상을 보여 주었다. 변화가 무엇인지를 깨닫게 해 주었고 무엇이 변했는지 그 차이점을 부각시켜 주었다. 또 사람들의 심리상태를 정확하게 읽어 냈고, 그것을 작품 속에 녹여 냈다.

르네상스의 두 작가는 모두 사람을 주목했다. 고민의 대상은 사람이었다. 르네상스의 학문은 인문학으로서 현실적이지만, 중세가 집중했던 신학은 형이상학적이다. 보이지 않는 것을 보여 주려고 애를 썼다. 하나님이 누군지 설명하는 데 천 년의 세월을 사용했다. 이제 르네상스 시대가 왔다. 사람을 중심에 두고 학문을 한다. 사람 일을 고민해 보는 것 자체가 모험 여행이다.

《돈키호테》는 방랑기사의 모험담이다. 세상을 두루 편력하며 보고 들은 이야기를 늘어 놓는 형식을 취한다. 돈키호테는 책을 많이 읽어서 상상력이 풍부해진 사람이다. 성경책을 많이 읽으면 하나님을 향한 믿음이 굳건해지듯이, 세속적인 책을 많이 읽으면 단 한 번도 접하지 못한 경험을 할 수 있다. 세상 사람들은 그런 것을 미친 짓이라고 말할 수는 있어도 세상은 그런 행동 때문에 바뀌게 되는 것이다. 돈키호테는 세상을 앞서간 선구자다.

돈키호테에게 가지 못할 곳은 없다. 가서는 안 될 곳도 없다. 그에게는 아직 가 보지 못한 곳이 있을 뿐이다. 세상은 가장 매력적인 여행지에 해당한다. 곳곳에 소중한 경험의 소재가 널려 있다. 고초를 당해도 깨달음을 선물로 주기 때문에 결코 시간낭비가 아니다. 세상에서 보내는 시간은 그저 최선을 다해서 동참하는 것만이 사람으로서 해야 할 일일 뿐이다.

가치창출에 대한 고민도 남다르다. 아무리 사소한 사물이라 하더라도 스스로 그것을 중요하다고 생각하면 그만인 것이 사람 사는 이야기다. 돌멩이 하나도 추억이 담기면 소중해진다. 돈키호테는 늙은 말에게 '세상에서 가장 빠른 말'이라는 뜻으로 '로시난테'라는 이름을 부여한다. 심지어 이발사의 세숫대야를 '맘브리노의 투구'라는 전설 속 영웅적인 기사의 투구로 바꿔 놓는다. 이런 장면들 속에서 과대망상을 발견할 수도 있지만 모든 행동은 해롭지 않은 방향으로 나아가고 긍정적 인식으로 마무리를 한다. 실수를 거듭하고 고생을 하기도 하지만, 동시에 깨달음 또한 얻는다. 그 내용이 무엇이 되었든 간에 삶의 지혜로 쌓여만 간다.

2.

광기의 세계 대
광기의 기사

세상은 특정한 기준을 정해 놓고 사람을 평가한다. 그야
말로 미쳤다고 할 수 있다. 기독교는 성경을 정해 놓고 선악을
구별한다. 교회가 행정과 법정의 권력을 장악하고 종교재판과
마녀사냥을 일삼는다. 기독교를 정상으로 판단함으로써 다른
모든 종교를 이단으로 간주한다. 기독교가 정교라고 말함으로
써 다른 모든 종교를 이교니 배교니 하는 말로 부른다. 기독교
인은 타 종교의 추종자들을 이단자로 지목하며 처벌을 종용한
다. 정의감을 가지니 폭력이 난무한다. 양심이 형성되니 가책도
없이 사람을 죽여 댄다. 이게 바로 미친 세상의 현상이다.

문학은 광기를 허락한다. 광기를 비유의 도움으로 포장

할 수 있는 기술을 가진 것이 문학적 문체의 특징이다. 물론 광기도 광기 나름이다. 타인과 사회를 해코지하는 그런 광기는 물론 부정적이다. 하지만 오로지 진심으로 타인을 사랑하고 진정으로 사회를 구하고자 애를 쓰는 모습이 광기로 비치고 있다면, 그것은 긍정적인 열정의 증거가 될 뿐이다. 돈키호테의 광기는 후자의 것이다.

광기를 규정하는 것은 기존의 틀이다. '이러면 안 돼!', '넌 틀렸어!', '넌 미쳤어!' 같은 말들은 모두가 그래서는 안 되는 잣대와 기준이 전제된다. 예를 들어 누군가가 '교회에 다니시는 분이 그러시면 안 되지요!' 하고 말을 했다면, 그 말 속에는 '그러면 안 된다'라는 기준이 제시되고 있음을 알 수 있다. 교회에 다니는 사람이라면 응당 해야 할 행동이 있다는 뜻이다.

선도 그어져야 놀 수 있는 것처럼, 기준도 있어야 재미난 생각이 가능해진다. 법도 있어야 의미 있는 사회생활도 가능해진다. 그런데 선 하나로 그어진 그 경계가 영원히 놀이를 위한 전제가 될 수는 없다. 때에 따라서는 선도 변경이 되어야 하고 때로는 완전히 지우고 다른 선을 새롭게 그어야 하기도 한다. 하나의 놀이가 재밌을 때는 상관없지만, 재미가 없어질 때 그 선은 강요가 되고 만다. 심한 경우는 감옥처럼 답답함의 원인이 되기도 한다.

법도 마찬가지다. 누구에게 좋은 법은 누구에게 나쁜 법이 되기도 한다. 대표적인 예로 단군신화에 나오는 게임의 규칙이다. 곰과 호랑이가 대결을 펼친다. 규칙은 이렇다. 동굴 속에서 100일 동안 마늘과 쑥만 먹으며 버텨야 한다는 것이다. 겨울잠을 잘 수 있고 잡식성인 곰에게 절대적으로 유리한 조건이다. 육식성인 호랑이는 절대로 이길 수 없는 규칙이다. 기울어진 운동장에서 곰은 이미 유리한 위치를 점한 셈이다. 출생부터 출발점이 다르다. 태어나면서부터 온갖 혜택을 다 누리는 계층에 속한 것이다.

곰은 특혜층의 전형을 형성한다. '나는 너희들과 다르다'라는 선민의식이 내면에 자리 잡는다. 집안 내력이 다르고 가풍이 다르다. 이런 현실 속에서 호랑이가 아무리 애를 써도 성공할 가능성은 희박하다. 곰과 싸움에서 이길 승산은 거의 없다. 우리의 건국신화는 이렇게 편파적인 법의식에 깊은 뿌리를 내려두고 있다. 우리 민족은 이런 현실의식 속에서 한의 정서가 본질로 형성된다. 한의 민족, 그것은 우리 민족을 일컫는 개념이 되고 말았다. 호랑이의 때는 오지 않았다. 아직 곰이 기득권을 획득하고 왕 노릇하고 있는 시대다. 그래서 공부를 해야 한다.

사회는 시시때때로 변한다. 세상이 변했는데도 기득권은 그 변화를 인식도 못 하고 있을 때가 많다. 늘 법대로 하자면서 법치주의를 들먹인다. 그런데 그 법의 내용이 너무 일방적이다. 이때 답답한 세상이 펼쳐지고 만다. 라만차의 돈키호테는 변화를 인식했고, 변화의 필요성을 감지했다. 세상에 악의가 너무도 많다. 정의를 위해서 세상과 싸우고자 하는 중세의 마지막 기사이다. 세상의 부정부패를 척결하고자 하는 근대의 선구자이다. 중세의 시각으로 보면 미친놈에 불과하고, 근대의 정신으로 평가하면 새로운 시대를 여는 영웅이 된다.

"철학자인 양 논하지 마라." 시대에 뒤떨어진 철학자들을 향한 세르반테스의 쓴소리다. 그의 말은 그 시대 사람들에게는 미친 소리처럼 들릴 뿐이다. 그래서 저자로서 그는 문학의 형식을 선택하여 시대에 저항한다. 비유적 인물을 선택함으로써 직접적인 영향권에서 벗어나려 의도했던 것이다. 세르반테스는 돈키호테를 위해 묘비명도 지어 준다. 그 마지막 구절은 이렇다. "미치광이로 세상을 살다가 / 본정신으로 세상을 떠났으니." 이 문구와 함께 앞선 모든 이야기는 반전을 일으킨다. 정상이 비정상으로, 비정상이 정상으로 평가되는 반전을.

돈키호테는 행동이 앞섰다. 의미부여가 뒤늦게 이루어졌

다. 천재의 행동은 뭇사람들의 생각을 앞선다. 그의 행동은 천재의 것이었다. 동시대인들은 그를 이해하지 못했다. 이해가 안 되니 미친놈이라고 치부하기 쉬웠다. 하지만 지금에 와서《돈키호테》를 읽으며 돈키호테에게서 미친 현상을 인식하는 이는 거의 없다. 오히려 재미난 모험담을 읽는 듯이, 즉 하나의 영웅적인 면모를 발견하려는 의도로 독서에 임하는 이들이 더 많다. 그런 독서가 일반화되어 있다. 돈키호테는 지극히 정상적인 사람이었다. 인간적이어도 너무나 인간적인 사람이었던 것이다.

3.

엉터리 이야기에서
참된 이야기로의 전환

《돈키호테》는 참으로 긴 이야기다. 양적으로 보아도 상당한 분량이다. 번역본을 기준으로 보아도 1,270면이 넘는다. 스페인의 르네상스 작가 세르반테스는 할 이야기가 이토록 많았던 것이다. 사람 냄새나는 이야기는 이토록 내용이 풍부하다. 중세의 신학은 성경으로 지정된 글에 대한 해석으로 일관했다. 정답은 있었고, 그 정답을 제대로 이해하려는 목적으로 학문이 진행되었다. 그 신학적 해석이 많고 다양할 뿐, 원래 집중해야 할 텍스트는 정해져 있었던 것에 불과하다.

중세는 본질에 집중했고, 근대는 현상에 몰두할 뿐이다. 본질은 단일하고, 현상은 다양하다는 차이가 있을 뿐인데, 그것을 인식하기가 그토록 힘들다. 아직도 현대인들은 '쉽게 설명하라'고 중세적 냄새가 나는 말을 해 대고 있다. '정답만 말하라'고 요구한다. 자기가 이해를 못 하고 있는 것보다 설명하는 자가 잘못하고 있다는 판단을 먼저 한다. 눈높이를 맞춰 줘야 한다는 요구를 당연한 듯이 한다. 평가는 학생들의 몫으로 넘어간 지 오래다. 학생이 주도하는 교육현장의 피폐는 넘쳐 나고 있다. 이것이 우리의 현실이다.

중세와 현대는 가치관에서 동일하다. 중세는 신만 바라보았고, 현대는 돈만 바라본다. 중세는 신 중심의 사상에 빠져 있었고, 현대는 자본주의에서 허덕이고 있다. 자본을 신처럼 떠받들다 보니 중세의 사상적 폭력도 현실에서 무차별적으로 자행되고 있다. 돈이 없는 사람은 주눅이 들어 위축될 수밖에 없는 현실을 만들어 놓은 것이다. 가난은 부끄러운 것이 되었다. 중세인들이 사람의 모습 앞에서 수치심을 느꼈던 것과 다를 바가 없다. 무화과나무 잎으로 성기를 가리는 행동을 하면서 그것이 옳다고 생각하는 것이 중세에서부터 시작된 현대의 현실이다.

현대와 현대인의 모순을 파악한 카프카는 《변신》이란 해괴망측한 소설을 집필하기도 했다. 주인공은 눈만 뜨면 출근할 생각뿐이다. 늘 사장님을 생각하면서 걱정과 근심으로 시간을 보낸다. 생각 속에 자기 자신이 없다. 그런 생각으로 살아가는 그가 바로 벌레 같은 삶을 살아가는 현대인이다. 아서 밀러가 집필한 《세일즈맨의 죽음》이란 드라마도 같은 맥락에서 읽힐 수 있다. 현대인은 평생을 돈 버는 기계처럼 살았다. 돈을 번다고 생각했지만 인생의 막바지에 이르러 얻은 것은 하나도 없다. 오히려 자기 자신의 삶을 팔아 온 것으로 세일즈 행위 속에서 사라져만 가는 것이 자기 자신의 소중한 시간이라는 것을 인식도 하지 못한 채 그렇게 살아온 것이다.

세르반테스는 돈키호테를 '최초의 인간'으로 평가하는 데 주저하지 않는다. 그의 시각으로 보면 그 이전에는 인간다운 인간, 진정한 의미로서의 인간이 없었다는 얘기가 된다. 눈은 뜨고 있었지만, 어느 특정 이념에 눈이 멀어 다른 모든 것을 제대로 인식하지도 못한 인간들이 인간이라고 나대고 있었던 것이다. 그런 인간들이 세르반테스의 이야기를 '엉터리 이야기'로 치부하기 급급했다. 하지만 세르반테스는 변화를 직감했다. "이제 나의 돈키호테에 대한 참된 이야기 때문에 그들은 이미 비틀거리고 있으니, 그들이 완전히 쓰러져 사라지는 것은 의심할 여지 없는 사실이다." 이렇게 작품 속에, 작품의 마지막에 이르러 자신의 목소리를 직접 남겨 놓은 것이다.

세상은 변할 것이다. 그 변화는 새로운 사실을 인식하게 할 것이다. 사실을 사실로 인식하지 못하는 구시대의 인간들은 사라지고 말 것이다. 새로운 세상은 새로운 인간들에 의해 구현될 것이다. 1492년 다빈치가 사람을 그려 놓은 것이 새로운 시대의 현상으로 인식되었다. 그의 '비트루비우스적 인간'은 상상을 초월하는 그림이었다. 그 그림은 르네상스의 정신을 대변하는 그림으로 평가되고 있다. 중세 천 년이 넘도록 그림을 그린다고 하면 신을 그려야 하는 것으로 생각해 왔던 것이다. 사람을 그림의 대상으로 삼는다는 것은 꿈도 꾸지 못했던 것이다. 다빈치는 보이는 것을 그렸을 뿐이다. 하지만 그 행위가 선구자의 것이었다.

4.

방랑의 기사가 들려주는
모험담

돈키호테는 방랑의 기사로 유명하다. 그에게 가지 못할 길은 없었다. 중세인들은 '쵤리바트Zölibat'라 해서 수도원 생활을 모범으로 제시했다. 오로지 하나님만 사랑하며 세속적 결혼을 거부하고 살아가는 그런 금욕생활을 정답처럼 간주했던 것이다. 그리고 사람을 사랑한다는 것을 수치스럽게 바라보았다. 더럽고 음흉하며 불결한 것으로 평가했다. 사람 사는 이야기는 듣기 싫어했고 오로지 천국과 천사들의 이야기를 듣고 싶어 했다. 세상과 사람들을 향한 귀는 닫고 하늘나라를 향해서만 귀를 열어 두고자 했던 것이다. 듣고 싶은 것만 들으려 했다. 중세인들은 이토록 일방적이었고 편파적이었으며 배타적이었다. 신을 자기편으로 만든 이들의 태도가 이토록 잔인했다.

《돈키호테》는 시골에서부터 이야기를 시작한다. 도시에서 벗어난 곳에서는 예외가 허용될 수 있다는 발상에서 이런 시작 지점을 형성한 것이다. 시골 마을은 라만차이며 라만차의 돈키호테가 이야기의 중심 내용을 구성한다. 라만차가 실제로 어딘지는 중요하지 않다. 제도권에서 벗어난 시골이라는 그 형식만 이해하면 된다. 이야기는 '책에 부치는 시'에서부터 진정한 시작을 알린다. 돈키호테는 성경책을 읽는 것이 아니라 수많은 기사의 모험 이야기를 읽고 있었다. 그러다가 세상을 구하기 위해 모험 여행을 하겠노라고 결심한 기사이다.

그런데 돈키호테는 50에 가까운 나이였다. 당시의 평균 나이로 보면 이미 노인이었다. 인물 설정이 참 독특하다. 그는 자신을 이렇게 소개한다.

이롭지 않은 책을 많이 읽고
미친 라만차 사람.
그의 숱한 모험을
그대여, 자세히 이야기하라.

돈키호테는 자기 자신이 미친 사람임을 자각하고 있다. 왜냐하면, 그는 모험을 하려 하기 때문이다. 아무도 가지 않은 길을 가려 하기 때문이다. 사람들은 그를 두고 미쳤다고 말할 것이 틀림없다는 인식에서 이런 소리를 하고 있는 것이다.

돈키호테는 늘 진심으로 일상에 임했다. 다만 그를 대하는 사람들이 그를 우습게 바라볼 뿐이었다. 우스꽝스러운 '기사 서임식' 장면은 대표적인 중세적 풍습이다. 신이 있다는 인식에서 신의 뜻이 문제가 되었고, 신의 뜻을 전제하면서 진리도 문제가 되었듯이, 기사가 되려면 누군가로부터 그 권위를 인정받아야 한다는 것이 기존의 관습이었다. 돈키호테는 싸구려 주막의 주인을 용감한 기사로 알고 그 앞에서 무릎을 꿇고 예를 갖춰 기사로 인정받는다. 그의 요구가 하도 막무가내여서 주막 주인도 그런 역할놀이에 동참했을 뿐이다. 아니 오히려 돈키호테를 웃음거리로 만들 요량으로 그런 역할을 했던 것이다.

하지만 근대의 시각으로 이 장면을 바라보면, 당시 형식이 얼마나 허례허식으로 충만해 있었는지를 깨닫게 해 준다. 삶의 현장에서는 형식이 아니라 내용이 중요하다. 정답이 아니라 마음이 중요하다. 조건에 맞춰진 거래의 관계보다 신뢰를 기반으로 하는 진심이 중요하다. 진정한 기사는 그런 형식적인 행사를 통해 탄생하는 것이 아니다. 하지만 세르반테스는 이 허접한 싸구려 주막에서 어설픈 기사 서임식을 통해서도 진정한 기사가 탄생할 수 있음을 보여 준다. 형식이 중요한 것이 아니라 진심이 중요하다는 그 말을 하고 싶었던 것이다.

5.

시골 처녀 둘시네아를 향한
사랑 고백

    돈키호테는 시골 처녀에게 사랑을 고백한다. 말은 쉽지만, 노인이 하는 고백이라는 점을 감안하면 쉽지 않은 행동이다. 노망이 들었다고 핀잔을 주기 딱 좋기 때문이다. 사랑을 할 수 있는 나이가 정해져 있다고 판단하는 것이 현대인의 고정관념이다. 이 나이가 되면 사랑은 물 건너갔다고 생각하는 것이 상례라는 얘기다. 더 이상 사랑은 허락되지 않는다. 하지만 세르반테스는 르네상스 정신을 구현한다. 노인도 사랑할 수 있다는 이념을 용기를 내서 펼쳐 나간다.

    사랑의 대상은 시골 처녀에서 한 걸음 더 나가서 창녀로 설정한다. 여성의 가치가 바닥에 떨어져 있는 존재를 향해 돈키호테는 접근한다. 그가 지향하는 사랑의 대상이 '시골 처녀'이며 동시에 '창녀'이다. 아무도 사랑해 주지 않는 여성을 향해 돈키호테는 사랑을 베풀고 또 사랑을 얻으려 한다. 아무도 알아 주지 않는 무명의 그 여인에게 '달콤하다'는 뜻을 지닌 스페인어 '둘체dulce'에서 따온 말 둘시네아Dulcinea, 즉 맛으로 비유하자면 달콤하고, 품성으로 표현하자면 예쁘고 귀여운 여인이라는 이름을 붙여 주고, 그녀에게 무릎을 꿇고 사랑을 고백한다.

돈키호테는 둘시네아로부터 진정한 사랑을 얻고자 최선을 다한다. 진정한 여행이다. 목숨을 걸어야 하는 것이 진정한 사랑이기 때문이다. "자기의 이름을 높이고자 / 그대는 오로지 노력하라." 명예롭게 살라는 얘기다. 사랑하는 대상에 걸맞은 존재로 거듭나려 애를 써야 한다는 것이다. 고귀한 대상에 걸맞은 고귀한 존재가 되어야 사랑을 받을 자격이 있는 것이다. 이것이야말로 천 년 동안 무시해 왔던 사랑의 내용이다. 일방적이지 않은 상대적인 사랑 이야기다.

하지만 둘시네아를 향한 세상 사람들의 시선은 곱지 않다. 그녀는 행복을 누릴 자격이 없다고 말들을 한다. 타인을 향한 저주의 말임을 알지도 못하고, 오히려 그런 말을 하면서 즐겁다고 생각한다. 타인을 폄하하고 우스갯소리를 해 대면서도 스스로는 행복하다고 착각하고 있는 것이다. 선입견과 편견이 난무한다. 사람을 사람으로 대하지 않고, 가치를 설정해 놓고 사람을 그 틀 안에서 판단하려 하기 일쑤이다. 먹고 살기 힘든 사람에게 가진 게 별로 없는 사람이라고 손가락질을 해 댄다. 상대의 입장이나 생각에 대해서는 들으려 하지도 않는다. 세상 사람들은 냉정하기만 하다.

　망가질 대로 망가진 여자를 사랑하기란 쉽지 않다. 진정한 사랑은 건강한 두 사람을 필요로 한다. 어느 한쪽이라도 망가진 상태라면 사랑은 불가능해지고 만다. 스스로 가치가 없는 사람이라 판단하고 있는 상황이라면, 사랑을 위해 내놓을 것도 없다. 사랑은 자기 자신의 모든 것을 바쳐야 이뤄지는 기적이다. 자기 자신 안에 오로지 상대의 존재가치로 가득 채워 놓을 때만 사랑이 실현되기 때문이다. 그런데 내놓을 것이 없으니, 사랑은 그저 요원한 이상에 지나지 않는 그런 것쯤으로 여겨질 뿐이다.

　여자로서 둘시네아는 스스로 사랑받을 자격이 없다고 생각한다. 사랑을 저버리고, 세상 사람들로부터 취급받아 오던 대로 헤프게 살아가려 할 뿐이다. 하지만 돈키호테는 끊임없이 구애를 하고, 둘시네아에게 그런 사랑을 받을 자격이 충분히 있음을 인식시키려고 노력한다. 그 진심이 전해지고 사랑을 받아들이려 하지만 돈키호테는 죽음 앞에 다가서 있게 된다. 둘시네아는 자신을 죽을 때까지 사랑해 준 돈키호테의 마음을 마침내 받아들인다. 죽음이 이들을 갈라놓지만, 사랑은 영원한 별처럼 빛난다. 둘시네아는 자존감을 회복하고 새로운 삶을 살아간다. 사랑이 묘약이 된 셈이다. "오로지 사랑 하나로 / 그 어떤 고난도 극복하리라." 이런 가사가 르네상스 정신을 대변한다.

6.

저자의 긍지가 담긴 인물
동반자 산초

둘시네아가 여성을 대표한다면, 산초는 남성을 대표한
다. 이들 둘을 향한 돈키호테의 태도에서 세르반테스는 사람을
사람으로 대하는 진정한 휴머니즘 정신을 보여 준다. 그는 이 산
초라는 인물을 만들어 낸 것에 대해 지극히 높은 긍지를 느낀다.

그러나 돈키호테의 종자인 그 유명한 산초 판사를 알
게 해 준 데 대해서는 감사의 인사를 받고 싶습니다.
내 생각으로는 수많은 기사 이야기 속에 흩어져 있는
종자들의 모든 매력을 요약해서 이 사나이에 담아 독
자에게 제공한 것 같습니다.

산초에 대한 세르반테스의 자평이다. 긍지가 대단하다.

뭇 남성들이 지닐 수 있는 모든 장점들을 산초라는 이 하나의 인물 속에 집약시켜 놓았다. 그것이 세르반테스의 주장이다. 산초는 지극히 선량하고 선의로 다져진 인물이다. 늘 상대를 걱정해 주고 배려해 주며 헌신적이다. 늘 좋은 말로 대응하고 악의라고는 눈꼽만큼도 없다. 함정을 파고 기다리는 것은 그의 일이 아니다. 그는 그저 좋기만 하다. 늘 주인이 곁에 있어줘서 고맙고, 그래서 열심히 그를 따라다닐 뿐이다. 바보짓만 거듭하는 이라 해도 불평불만 하지 않고 그를 쫓아 다닌다. 바보 같은 사람이라 해도 그를 주인으로 섬기는 것을 주저하지 않는다.

돈키호테가 이상하다는 것은 산초도 잘 안다. 주인을 향해 세상 사람들이 쏟아 내는 소리도 모르는 바가 아니다. 돈키호테는 미치광이로, 자신은 바보 천치라고 말하는 그 소리를 들으면서도 우정을 저버리지 않는다. 다만 그런 소리를 듣고 있어서 안타깝다는 말을 할 뿐이다. 그때조차 돈키호테는 "덕이라는 것은 최고조에 달하면 어디서나 박해를 받기 마련이니라"라는 말로 위로를 해 준다.

산초는 한 마디로 좋은 사람이다. 힘들 때나 어처구니없는 시도를 할 때나 주인을 섬기는 일에 게으르지 않다. 주인이기에 따르는 것이 아니라, 자신이 없으면 살아가기 힘들 것 같아 진정으로 걱정하고 배려해 주는 마음에서 주인을 따를 뿐이다. 산초는 언제든지 떠날 수 있는 존재이다. 그래도 된다. 하지만 사람이 좋아 곁에 머물러 있을 뿐이다. 돈키호테와 산초를 연결시켜 주는 것은 마음이고 진심이다. 마음이 통하니 곁에 있어도 즐겁기만 하다. 아무리 힘든 모험 여행이라 해도 서로 곁에 있어 주기 때문에 즐거운 여행이 될 수 있는 것이다.

산초야말로 진정한 인간의 모범이 된다. 하나님을 사랑하는 신앙인의 모습이 아니라 사람을 사랑하는, 인간애로 충만한 평범한 사람이다. 중세 동안에는 사람을 사랑하는 것이 주목을 받지 못했다. 오로지 신을 사랑해야 진정한 사랑으로 간주했다. "사람보다 하나님께 순종하는 것이 마땅하니라."(사도행전 5:29) 이런 소리를 진리로 또 양심으로 간주했다. 사람을 사랑하는 것은 하찮고 쓸데없는 짓으로 여겼다. 하지만 산초에게서는 중세적 의미와 가치가 중요한 것이 아니라 세상을 살아가야 할 덕목이 중요했다. 그의 믿음은 사람을 향한 믿음이었다. 그는 사람을 믿고 따른다. 르네상스적 휴머니즘 정신이 이런 것이다.

사람은 만남을 선호하며 곁에 있어 주는 그 사람을 좋아한다. 성경 저자도 기독교의 신에게 '곁에 있어 준다'는 의미의

'임마누엘'이라는 이름을 붙여 주었다. 함께한다는 그 의미가 사람에게는 그토록 중요한 사안이 되는 것이다. 사랑을 생각하든 우정을 생각하든 이 모든 경우에는 사람이 곁에 있다는 것을 전제한다. 가장 행복했던 순간을 떠올려도, 거기에는 중요하고 소중하고 사랑했던 한 사람이 있다는 것은 틀림없는 사실이다.

7.

풍차와의 대결이
의미하는 것

풍차와의 대결 장면은 모든 돈키호테의 이야기들 중에서 단연 독보적이다. 《돈키호테》 하면 이 장면과 동일시되기도 한다. 그만큼 비중이 큰 장면이기도 하다. 풍차와 싸움을 벌이는 그 발상 자체가 재밌다. 르네상스 정신을 문학적으로 또 비유적으로 표현해 내는 데 가장 성공을 거둔 장면이라 할 수 있다.

물론 풍차는 비유다. 풍차는 현상적 개념이지만, 그 풍차를 대하는 의미가 남다르다. 거인이니 괴물이니 하는 온갖 부정적인 개념을 동원하여 의미를 부여한다. 결국, 자연적 사물이 의미를 부여받으면서 형이상학적 의미를 대변하는 존재로 거듭나게 된다. 이렇듯 생각하는 존재는 풍차와 같은 형이상학적 존재로부터 자유로울 수가 없다. 평범한 사물을 두고 거인으로 착각할 수도 있다. 어둠 속에서 귀신을 볼 수도 있고 하찮은 가치를 최고의 가치로 올려놓을 수도 있다. 생각하는 존재가 무엇이든지 생각으로 형상화해 낼 수 있다는 것은 양면성을 지닌 문제다. 그것은 최고의 능력인 동시에 최악의 조건이 되기도 한다는 것이다.

중세 천 년 동안 세상 사람들은 신의 존재에서 옴짝달싹하지 못했다. 신은 그저 신앙의 대상으로만 여겨졌다. 그에게 저항한다는 생각은 꿈도 꾸지 못했다. 그에게서 추방된다는 생각은 했어도 그에게서 해방된다고는 전혀 생각하지 못했던 것이다. 늘 스스로 죄의식을 먼저 불러일으키려고만 했지, 자신이 당당하다는 그런 생각은 그저 발칙한 것으로 치부하기에 바빴다.

결국, 생각하는 존재가 생각에 구속되고 말았다. 생각을 하면 할수록 그 힘에 얽매이고 생각하며 살아야 하는 인생이 생각의 노예가 되어 버린 것이다. 기준을 정해 놓고 그 기준에 준해서만 살아가려 했다. 선을 그어 놓고 그 선을 절대로 넘어서지 않으려는 의지로 현실에 임했다. 마찬가지로 신의 형상을 그려 놓고 그것만을 바라보며 살아가려고 했다. 보이지 않는 것을 보인다고 주장하면서 양심을 품었다. 그리고 이런 형이상학적 시대의 중심에 교회가 있었다.

교회는 지옥으로 사람을 겁주고, 천국으로 유혹을 했다. 교회가 전하는 진리는 보이지 않는 바람처럼 퍼져 나갔다. 아무도 그 진리 앞에서 저항할 생각조차 하지 못했다. 생각으로 만들어 낸 그 진리의 크기는 거인의 모습을 닮았다. 생각으로 키워 낸 그 어마어마한 크기에 압도를 당할 지경이었다. 누가 누가 더 높은 탑을 쌓나? 그것이 믿음의 증거인 양, 세상 사람들은 교회의 첨탑의 높이에 연연했다. 어느 교회의 돔이 더 큰가? 이런 질문이 일상을 지배했다. 중세인들의 관심사는 그런 것에서 해방될 기미를 보이지 않았다.

풍차는 중세의 현상에 대한 비유다. 돈키호테는 중세 앞에서 거인을 확인한다. 거인도 거인 나름이다. 프로메테우스처럼 인간애로 충만한 거인이 있는가 하면, 중세의 비유로서 풍차가 보여 주는 거인의 형상은 형이상학적 존재로서의 신을 향한 사랑으로 충만해 있을 뿐이다. 여기서 근대인의 선구자 돈키호테는 싸워 이겨야 할 대상을 찾아낸다. 중세인의 눈에는 절대적으로 보였던 것이 근대인의 눈에는 도전해 볼 만한 대상으로 여겨진다. 만만해 보였던 것이다. 만만해 보이면 싸울 용기가 생기는 법이다. 용기는 위기에 대한 인식을 전제한다. 죽을 수도 있다는 위험을 감지해야 용기가 가치 있는 것이다. 그런 위기와 위험에 대한 인식이 전제되지 않는다면, 용기는 만용에 지나지 않는다. 그래서 돈키호테는 목숨을 걸고 싸웠던 것이다. 그에게 있어서 싸움은 결코 장난이 아니었다.

돈키호테는 아무도 보지 못한 존재를 보았던 근대 르네상스인의 전형이다. 새로운 시대를 연 용기 있는 기사이다. 거인의 사악한 술책 정도에 물러설 수 없다. 돈키호테는 거인처럼 보이는 그 존재를 향해 '정의의 칼'을 휘둘러 댄다. 물론 풍차와의 싸움에서 돈키호테는 처참한 패배를 맛본다. 그래도 실망이나 절망은 그의 것이 아니다. 모험을 해 보았다는 그 실천의지에 만족을 한다. 한 번 싸워 보았고 그는 죽지 않았다. 살아남았다. 그것이 중요했을 뿐이다. 상처를 남기는 슬픈 기억이 아니라, 오히려 아주 즐겁게 생각할 수 있는 추억을 하나 얻었다고 판단했다.

8.

이룰 수 없는
꿈

　《돈키호테》가 뮤지컬로 형식을 바꾸면서 현대인에게 각광을 받게 되었다. 제목은 《맨 오브 라만차》이다. 1965년에 브로드웨이에서 초연이 이루어졌지만, 우리의 극장 무대 위에 올려진 것은 2005년에 이르러서였다. 이 공연 장면에서 마지막을 장식하는 노래 〈이룰 수 없는 꿈〉은 늘 기억 속에 남아 있다.

　'꿈'은 이룰 수 없어도 포기할 수 없고, '싸움'은 이길 수 없어도 도전으로 맞서고, '슬픔'은 견딜 수 없어도 웃음으로 바꾸고, '길'은 험해도 돌아설 수 없어서, 오로지 '정의'만을 위해 싸우겠다고 다짐하고 또 다짐한다. 돈키호테의 결의는 진정한 기사도의 실천을 의미한다. 모든 실천은 마음을 다짐으로부터 시작

해야 하기 때문이다. 그를 싸우게 하는 의지의 근간에는 사랑이 있었다. 그에게 사랑은 신앙이었다. "사랑을 믿고 따르리라." 사랑만이 그의 신념이었다.

'별'은 잡히지 않아도 힘차게 손을 뻗을 것이고, '희망'조차 보이지 않아도 결코 후회하지 않을 것이다. 후회는 그저 삶의 의미를 좀먹는 벌레에 불과하다. 오히려 후회의 늪에서 희망을 향해 손을 뻗는 것이 돈키호테의 시선이다. 그의 다짐 속에는 인간을 인간답게 하는 미덕이 고스란히 담겨 있다.

돈키호테는 자신이 가는 길에 대해 확신을 갖고 있다. 그는 자신의 길 위에서 머뭇거림도 망설임도 없다. 손에 잡히지 않는 별이 길을 밝혀 주고, 보이지 않는 희망이 욕망을 이끌어 준다. 사랑을 믿고 정의를 위해 싸우는 그 '영광의 길' 위에서 그는 삶의 종착역에 도달하고 죽음이 가까이 와 있음을 인식한다.

그래도 죽음 앞에서도 돈키호테는 힘차게 노래한다. "죽음이 나를 덮쳐 와도 평화롭게 되리." 죽음에 주눅 들지 않는다. 죽기 싫어 삶을 구걸하지도 않는다. '살려 달라!'고 애원하는 것은 돈키호테의 소리가 아니다. 오히려 그가 걸어간 그 길 위에서 죽음을 맞이하면 '평화'를 얻게 될 것을 믿고 있을 뿐이다. 이것이 그의 인간적인 신앙이다.

마지막 가사를 입에 담으며 돈키호테는 죽음을 맞이한다. 상처투성이의 삶이었지만 영광으로 빛난다. 죽음조차 그에게는 모험 여행일 뿐이다. 죽음 앞에서 주눅 들지 않았다. 죽음을 두려워하지 않았다. 죽음은 그저 새로운 여행의 시작에 지나지 않는다. 죽음에 대한 의지가 오히려 불타고 있다. 하지만 죽음은 죽어야 갈 수 있는 여행지라서 안타깝기만 하다. 죽음을 향해 떠난 그의 여행 소식은 영원한 수수께끼가 되어 우리 속에 남을 것이다. 세르반테스는 초인이라는 말을 안 했지만, 그 모습을 돈키호테로 증명해 냈다.

돈키호테를 초인으로 인정할 수만 있다면, 이런 말들이 떠오를 수 있으리라 확신한다. 초인에게는 넘어설 수 없는 벽이 없다. 그를 무릎 꿇게 할 고난과 고초는 없다. 이 세상의 모든 일들은 모험의 대상이 될 뿐이다. 죽을 때까지 죽을 수 없다. 죽을 때까지 쉽게 죽지 않으리라. 죽을 때까지 죽음과 싸우리라. 죽을 때까지 사랑하리라. 죽을 때까지 살리라. 돈키호테가 가르쳐 준 사랑과 모험의 이야기는 별이 되어 밤하늘에 빛나고 있다.

"마지막 힘이 다할 때까지 / 가네 저 별을 향하여"라고 부르며 숨을 거두는 진정한 기사의 노래는 감동적이다. 단말마의 고통이 엄습할 때조차 용기 있게 대처하는 자가 초인이다. 그는 별이 될 때까지 오르고 또 오르려 할 뿐이다. 스스로 별이 되는 그 순간까지 한순간도 허투루 살려고 하지 않는다. 돈키호테의 행복론이라고 한다면, 그것은 오로지 도전과 모험으로 일관하는 모습 자체일 뿐이다.

IV.

베이컨의 자연 속에서
자연을 향한 여행자

1.

경험주의 철학자가 지향했던 이상적 인간

영국의 철학자 베이컨은 경험주의 철학을 펼쳤다. 경험을 쌓고 쌓아 인간다운 인간이 되어 보고자 하는 것을 철학의 목표로 삼았다. 경험을 근간으로 하여 지식을 얻어 보자는 시도였다. 그에게 있어서 경험은 모든 철학적 여정의 시작 지점이었다. 이런 방법론은 중세 선배들에게서는 찾을 수가 없었다. 결국, 그는 보다 더 먼 과거에서 답을 찾고자 했다. 그의 시선은 중세를 넘어 고대로 향했다.

고대의 세계에서는 명예가 중요했다. 중세가 신의 뜻 혹은 신의 이름이 중요했다면, 고대는 자기 자신과 자기 자신의 삶 자체가 중요했다. 그래서 명예는 곧 자기 자신의 존재 평가와 직접적인 관계를 맺고 있다고 판단했다. 고대는 신들의 세계였다. 신이라 적어 놓고 사람들의 삶을 생각할 수 있었던 시대였다. 고대의 신들은 모두 인간적인 면이 있었다. 그 얘기는 또한 누구라도 신의 경지에 도달할 수 있는 길이 열려 있었다는 뜻이기도 했다. 《학문의 진보》(1602)에서 베이컨은 이런 말을 남겼다.

> 인간적 명예 중 최상의 명예는 신으로 추앙되고 숭배되는 일이었다.

베이컨에게 신은 인간의 모범이기도 하지만, 인간이 도달할 수 있는 경지로 간주되었다. 사람은 신이 될 수 있다. 그 가능성 때문에 사람은 신으로 추앙되고 숭배되는 일을 최고의 명예로 간주했던 것이다. 물론 기독교는 이렇게 '신으로 추앙되는 것을 금단의 과실로' 보았기에, 베이컨은 자신의 철학이 위험한 이교도의 것임을 잘 알고 있었다. 그래서 그는 조심하고 또 조심하며 철학의 길을 걸어갔다.

경험주의 철학은 중세를 거부하고 전혀 새로운 세상을 펼치려 하지 않았다. 그는 그 정도로 위험한 발상을 갖고 있지는 않았다. 대신, 늘 '종교적인 지식과 인간적이고 세속적인 지식이 적절히 배합된' 것을 모범으로 간주했다. 다만, 과거 중세 선배들이 '인간적이고 세속적인 지식'을 너무 배타적으로 간주해 왔기에, 그는 이 지식의 가치를 부각시키는 데 주력을 했을 뿐이다. 인간적이고 세속적인 지식도 쓸 만한 데가 있다는 것을 증명하는 데 노고를 아끼지 않았던 것이다.

신이 전지전능하다는 사실은 이제 자명한 것이었다. 이 말은 천 년이 넘도록 들어 온 소리였다. 하지만 사람이 그 정도의 능력을 갖출 수 있다는 생각은 아무도 갖지 못하고 있었다. 시간이 흐르면 다 해결될 것이라는 옛말에 대해서도 베이컨은 의혹을 제기했다. 그는 《신기관》(1620)에서 이런 말을 남겨 놓았다. "시간은 강물과 같아서 가볍고 둥둥 뜨는 것들만 실어 나르고, 무겁고 견고한 것은 가라앉히고 만다." 노력하지 않고, 애를 쓰지 않고, 어떤 일이 원하는 바 대로 이뤄지기를 바란다는 것은 헛된 생각이다. 인생에는 공짜가 없다는 소리와 같다.

2.

경험주의자에게
경험이란

경험주의는 말 그대로 경험을 중심에 둔다. 경험이란 무엇인가? 어떻게 경험을 해야 하는가? 잘못된 경험은 무엇인가? 이런 고민이 경험주의의 대상이다. 중세 천 년 동안 생각으로 임하는 삶에 집중했다. 중세가 보여 준 세상은 생각이 어디까지 나아갈 수 있는지 알려 주었다. 상상의 끝은 없다. 신에 대한 설명은 아직도 갈증을 느끼고 있고, 죽어서 가게 된다는 내세에 관한 생각은 아직도 끝을 모르고 진행 중이며, 신학은 아직도 신을 찾고 있다.

하지만 근대가 들어서면서 현실이 보이기 시작했다. 하늘만 바라보던 시선이 대지로 향하면서 변화가 생긴 것이다. 천사 바라보기를 포기하고 사람 사는 냄새가 나는 이 세상에 눈길을 주기 시작했다. 신학에서 등을 돌리는 데 천 년이란 세월이 필요했다. 그만큼 형이상학적 사랑의 이념은 치명적 매력을 발산한 것이다.

그래도 세상은 변했고 또 변할 수밖에 없었다. 베이컨은 공부를 할 때 지녀야 할 금과옥조로 다음과 같은 말을 한다. "경험에 의해 명백하게 드러나는 자연의 섬세함을 직접 느껴보라." 사람은 자연의 일부분에 지나지 않는다. 자연은 현상을 대신해서 하는 말이다. 이 세상에서는 관찰할 것이 너무도 많다. 현상 속에서는 변화하는 것을 인식해 내는 훈련부터 해야 한다. 변화는 당연한데, 그것을 깨닫고 의미를 부여하기가 너무도 어렵다는 것이 문제다. 다음은 《신기관》에 있는 말이다.

인간의 지식이 곧 인간의 힘이다. 원인을 밝히지 못하면 어떤 효과도 낼 수 없다. 자연은 오로지 복종함으로써만 복종시킬 수 있기 때문이다.

'아는 것이 힘이다.' 이것은 경험주의 철학을 대변하는 발언으로 유명하다. 하지만 지식의 힘을 얻기 위해서는 원인을 밝혀내야 한다는 숙제가 주어진다. 그런 과정에서 진정한 경험이 이루어지고, 그런 경험이 진정한 힘을 발휘해 줄 것이다. 그런 경험에 의해 '정신의 근육'도 단련될 것이다. 소위 말하는 정신력은 바로 이런 경험에 의해서만 가능한 것이다.

단일하고 변화가 없는 본질적인 것에 집중했던 것이 신학이었다면, 이제 경험주의 철학자 베이컨은 우리의 삶이 진행되고 있는 이 다양한 현상을 주목해 주기를 바란다. 자연과 그 현상을 주목해야 하는 이유는 스스로 자기 삶의 주인이 되기 위한 것일 뿐이다. 베이컨은 《신기관》의 머리말을 마감하며 이런 말을 남겨 놓았다. "그렇게 하여 자기가 자신의 주인이 되기 시작한 후에야 비로소 어떤 판단이라도 내려달라는 것이다." 베이컨은 자기 자신의 주인이 되기 위해 자기 자신에게 복종하려고 해야 한다고 가르칠 뿐이다. 자연 속의 모든 사물을 있는 그대로 인정하고 판단하며 지배할 수 있을 때 그는 마침내 신의 경지에 오르게 되는 것이다. 베이컨은 플라톤의 말을 인용하며 자신의 생각을 이렇게 펼친다.

한정하고 분할하는 일을 적절히 할 수 있는 사람은 신으로 여겨도 좋다.

'한정하고 분할하는 일'은 사물을 있는 그대로 바라보는 행위와 직결된다. 다양한 것을 좋아하려면 이런 '한정하고 분할하는' 것에 능해야 한다. 그 다양한 것을 자연이라고 부르든, 아니면 현상, 현실, 대지 가운데 뭐라고 부르든 상관없이, '있는 것을 있는 그대로' 바라보려는 그 마음부터 가져 보자는 얘기다. 이것이 경험주의 철학에 임하는 기본자세에 해당한다.

어떤 인식된 것을 주인으로 섬기는 자세를 지양해 달라는 것이 경험주의의 지상명령이다. 한자에서도 '주인 주主' 자는 왕 위에 있는 그 무엇을, 혹은 왕보다 더 높은 곳에서 점 하나를 찍은 형상을 띠고 있다. 왕조차 발아래 두는 그런 시각이 요구된다는 뜻이다. 주인은 그저 왕 위에 있을 뿐이다. 주인은 그저 왕으로 간주되어 온 것에 굴하지 않는 정신일 뿐이다.

물론 경험주의에 의한 지식은 다양하다는 문제를 품고 있다. 문제는 다양한데 답이 안 보인다. 정답 논리에 익숙한 우리의 이성은 이런 학문에서 오히려 답답함을 느끼기도 한다. 신학에서 보여 주었던 논리적으로 명쾌한 대답은 없다. 삼단논법처럼 견고한 계단을 밟아 가며 확신을 주는 그런 인식도 없다. 오히려 우리가 사는 현실 속에는 무책임하게 문제의식만이 놓여 있는 상황이 너무도 많다. 사막 속에 내던져 놓고 스스로 길을 찾아가라고 말할 때도 있다. 그렇다고 해도 '자기가 자신의 주인'이 되어 있는 상황이라면, 무엇에든 나름대로의 확신을 가질 수 있으리라.

3.

견고한 지식의 상징으로서
헤라클레스의 기둥

1620년에 출간되는 《신기관》의 표지로 베이컨은 바다와 배 그리고 항해를 뜻하는 이미지를 선택했다. 한 척의 배는 이미 저만큼 멀리 떠나갔다. 이어서 또 한 척의 배가 바다로 향하고 있다. 세상이 열렸다. 하지만 도대체 어디로 향하는지 전혀 알 길이 없다. 목적지가 있는 것도 아니다. 그저 망망대해를 향해 떠나가고 있을 뿐이다. 이쪽과 저쪽으로 영역을 나누는 기준으로 두 개의 기둥이 서 있다. 이는 한계를 넘어서고 있다는 점에서 초인의 문제와 연결된다.

표지의 그림에는 상징적 메시지가 담겨 있다. 그리고 시대의 정신이 그림으로 형상화되어 있다. 바다는 학문의 바다다.

그 바다로 향하는 배는 학문의 배다. 배는 이쪽에서 저쪽으로 향한다. 저쪽은 한도 끝도 없는 바다다. 중세적 내세관을 지향하는 것이 결코 아니다. 죽어야 갈 수 있는 그런 저쪽이 아니다. 학문의 세계는 바다와 같다. 과거에도 있었고 지금도 있다. 눈을 가진 자라면 누구나 바라볼 수 있는 곳이다. 수평선 너머에는 무엇이 있을까? 가 본 자는 아무도 없다. 대답을 들려줄 사람도 없다. 모든 것은 스스로 거기까지 가 보는 수밖에 없다.

중세 신학이 상상력으로 충만한 세계를 직면하게 했다면, 근대의 학문은 자연과 직면하게 한다. "나는 스스로 있는 자"(출애굽기 3:14)라는 주장처럼 자연을 신의 이름으로 대체해 놓지 않았다. 신학은 그런 존재를 만들어 내면서 억지로 허무맹랑한 의미를 부여하기까지 했다. 신의 계명이라면서 사람이 한 말을 신성시하는 어처구니없는 일들이 벌어졌다. 불이 섰다는 둥 천사가 전해 주었다는 둥 계시를 받았다는 둥 온갖 신비로운 말들로 아름답게 꾸며 놓으면서 신의 경지에 도달한 말의 권위를 창출해 냈던 것이다.

바다는 다 받아서 바다다. 배타적이지 않다. 바다는 포용적이다. 누구는 되고 누구는 안 된다는 식으로 대하지 않는다. 믿는 자는 구원을, 믿지 않는 자는 저주를 받으리라는 식으로 겁을 주지 않는다. ("누구든지 주를 사랑하지 아니하면 저주를 받을지어다."(고린도전서 16:22)) 썩은 물도 내치지 않고 받아들이는 것이 바다다. 그러면서도 바다는 결코 썩는 일이 없다. 오히려 그 썩은 물까지도 건강한 물로 바꿔 놓는다. 근대의 정신은 그런 바다로 향한다.

경험주의적 현실 인식을 위해 베이컨은 그동안 무시당하고 천시되어 왔던 감각의 기능에 주목한다. 헤라클레스 기둥 밖의 세상은 바로 이 감각을 필요로 하는 공간이다. 지식의 한계에 갇혀 있지 않고 드넓은 세상으로 삶을 넓혀 놓는다. 감각은 한없는 외부세계의 정보를 내부로 옮겨 주는 기능을 담당한다. 눈을 감고 생각에 임하는 것도 좋을 때가 있지만, 때가 되면 눈을 뜨고 생각에 임해야 하는 것이 현실이다. 눈을 감고 '좋은 생각'만 하면 돌부리에 걸려 넘어질 수도 있고 절벽에서 한 발자국 더 내밀어 추락하는 사고를 당할 수도 있다.

게다가 생각하는 존재에게 모든 외부의 정보는 이성이라는 거울에 비치면서 나름대로 왜곡이 일어나고 만다. 이성에 의한 왜곡 현상은 그러니까 인간에게는 운명처럼 따라다닌다. 사람마다 모든 생각은 다르다. 이 또한 이성이 있어서 그런 것이다. 이런 다름은 인류가 풀어야 할 숙제다. 같은 시간을 두고서도 길고 짧음은 공존한다. 같은 공간을 두고서도 넓고 좁음은 공존한다. 시간과 공간으로부터 자유로운 신이 있다고 생각하고 고민했던 것이 신학의 차원이라면, 경험주의의 고민은 시간과 공간 속에서 그것의 의미를 찾아가고자 한다.

자연 속에서 자연을 향한다. 자연은 한계를 드러내지만, 그곳을 지향한다. 자연은 타협을 모르지만, 그곳에서 의미를 찾으려 한다. 자연 속에는 '과거'가 있고 '현재'가 있으며 '미래'가 있다. '여기'가 있고 '저기'가 있다. 지금까지는 이러한 한계가 학문의 활동을 방해해 왔다. 독단과 집착과 교만을 만들어 냈다. 이것을 어떻게 극복할 수 있을까? 어떻게 하면 자연에 그 자체의 의미를 부여할 수 있을까? 베이컨은 이런 질문으로 철학의 길을 걸어간다.

헤라클레스의 기둥은 아무도 쓰러뜨릴 수 없는 기둥처럼 강력하다. 전통의 힘은 이토록 견고하다. 전통은 도덕과 양심과 연합을 이루며 철옹성을 방불케 한다. 하지만 베이컨은 그 한계를 넘어서는 초인을 동경한다. 자유는 투쟁을 통해 쟁취되는 것이다. 싸우지 않으면 기득권은 스스로 알아서 권력을 나눠 가지려 하지 않는다. '편한 게 이 세상인데 무엇 때문에 변해야 한다는 말인가?' 이것이 기득권이 누리는 특혜의식이다. 초인은 한계를 넘어서며 새로운 세상을 보여 준다.

생각하는 존재는 쉽게 착각에 빠지고 만다. 17세기 흑사병이 극에 달했을 때 사람들은 기독교의 이념 속에서 신을 만나는 모습을 동경했다. 모두가 죽음의 위험을 인식했을 때 신과 함께 행복해지는 것을 꿈꿨다. 이런 사람들의 심리상태를 예술로 표현해 낸 자가 잔 로렌초 베르니니입니다. 그의 작품 〈성 테레사의 법열〉(1652)은 볼 때마다 '얼마나 황홀하면 저런 표정을 지을까?' 하는 의문을 품기도 한다. 저런 것이 오르가슴일까? 이런 발칙한 생각도 해 본다.

하지만 생각 속에 주인은 과연 누구일까? 대부분의 경우 자기 자신이 그 지식의 군주로 군림하지 못하고 있다는 것이 문제다. 늘 믿는 바가 이미 있고 그 믿음 속에서 살아가고자 한다. 진리에 대해 믿음으로 다가서고 나면 도덕도 양심도 자연스럽게 뒤따르고 만다. 그 진리에 희생하는 것은 마땅한 것이라는 그런 위험한 생각도 가능해진다. 이런 생각에 대한 문제의식이 형성되었다면 베이컨의 경험주의는 도움의 손길을 뻗어 오게 된다.

4.

발견 여행의
논리

새로운 사물의 발견은 새로운 삶의 영역으로의 확대를 의미한다. 무엇을 보았는가? 그것이 세상의 크기를 의미한다.

인간은 자연의 사용자 및 자연의 해석자로서 자연의 질서에 대해 실제로 관찰하고, 고찰한 것만큼 무엇인가를 할 수 있으며 이해할 수 있다. 그 이상의 것은 알 수도 없고, 할 수도 없다.

이것이 《신기관》의 본론을 시작하는 문구이자 첫 단추에 해당하는 문장이다. 첫 단추는 잘 꿰어야 한다. 한참을 머물며 하나의 문장에 고민을 해 보아야 한다. 그 단어들이 자기 것이 될 때까지 곱씹어 보아야 한다.

　신학에서는 늘 '신'을 주어로 삼고 술어를 찾아가는 데 주력했다. 이에 반해 경험주의가 선택한 주어는 '인간'이다. '인간은' 하고 주어를 만들고 나면 어떤 말을 해야 어울릴까? 가장 자연스러운 문장은 어떤 술어를 붙여 주어야 완성될까? '인간은'이 원하는 술어는 과연 무엇일까? 경험주의가 고민하는 최대의 숙제가 바로 여기에 있다.

　보다 더 먼저 인식되어야 할 것은 인간이라는 여행지에 대한 이해이다. 중세 천 년 동안 사람들은 신이라는 무한 속에서 방황했다. 거기에는 길이 있는 듯하면서도 길을 잃기 딱 좋은 유혹의 손짓이 있다. 이제 근대인은 인간이라는 새로운 영역을 여행지로 선택했다. 자연과 인간의 관계를 규명하고자 애를 쓴다. 지금과 여기에서 나는 무엇을 하며 살아야 할까? 무엇을 생각하며 살아야 할까? '인간'의 순우리말은 '사람'이다. 사람은 삶에 의해서만 의미가 규정된다. 살아 있어야 사람인 것이다. 살아 있지 않다면 사람이 아니다. 그는 죽은 자이거나 귀신이거나 망령일 뿐이다. 그래서 사람은 살아야 한다는 숙제를 떠안게 되는 것이다.

삶의 문제는 사는 것에 있지 죽는 것에 있지 않다. 죽고 난 뒤? 경험주의는 그런 질문으로 쓸데없는 시간 낭비를 하지 않는다. 경험주의는 지금과 여기에서 어떻게 살아가야 하는지에 대해서 고민을 할 뿐이다. '저세상' 이야기는 베이컨의 것이 아니다. 이 세상에서 인간을 여행지로 삼으려면 도구가 필요하다. 즉, 베이컨의 여행에는 배도 나침반도 현실과 직결되는 지식도 요구되는 것이다. 덧붙여 항해 기술에도 능해야 한다. 여행을 떠나기 전에 준비해야 할 것이 한두 가지가 아니다.

이미 언급했듯이 "인간의 지식이 곧 인간의 힘이다." 알아야 힘이 나는 법이다. 사람의 힘은 아는 것에 달려 있다. 소위 정신력은 생각의 범위를 결정해 준다. 정신의 힘이 강한 자가 더 많은 생각을 건뎌 낼 수 있다. 성격이 강하거나 고집이 센 것을 두고 정신이 강하다는 말을 하지 않는다. 강한 정신은 전혀 다른 능력에 의해 구현된다. 발견을 위한 여행에서 요구되는 정신이 이런 정신이다. 이런 정신이야말로 용기를 필수 불가결의 조건으로 삼는다.

사실 근대를 연 최초의 여행으로 콜럼버스의 아메리카 발견이 있다. 행위가 먼저 있었고 그 행위에 대한 해석이 베이컨에 의해 실행되고 있는 것이다. 콜럼버스의 여행은 1492년,

베이컨의 《신기관》 집필 연도는 1620년, 그냥 숫자상으로 계산해 보면 128년이라는 세월이 그 사이에 있다. 소위 번개는 보았지만, 그 뒤를 따르는 천둥소리를 듣기까지 오랜 시간이 필요했던 것이다.

'자연의 섬세함', '자연의 심오함' 등, 자연을 바라보는 베이컨의 시각은 다양한 말로 형상화된다. '올바른 길'은 있을 수 있지만, 그 길만이 유일한 길이요 구원의 길처럼 간주하는 것은 생각의 실수에 해당한다. 오히려 올바른 그 길 또한 여러 길 가운데 하나의 길일 수도 있다. 산을 넘어야 하는 최단 거리가 옳은 길일 수도 있고, 돌아가는 안전하고 편한 길이 옳은 길일 수도 있다. 어떻게 생각하느냐가 문제일 뿐이다.

5.

우연의 논리

세상과 직면할 때 가장 빠지기 쉬운 실수가 이 세상에 대한 부정적 평가이다. 여기서는 아무것도 제대로 알 수가 없다는 인식이 그것이다. '아무것도 알 수 없다'라는 회의적 발언을 그렇게 함부로 해도 되는 것일까? 신의 계명만이 분명하고 확고한 것일까? 밤하늘을 바라볼 때 별 이름을 알아야 그 하늘을 제대로 이해하는 것일까? 들판을 걸으며 수많은 꽃과 접할 때 그 꽃들의 이름을 알아야 그 산책이 의미 있는 것일까? 우리의 시인 윤동주처럼 별 하나에 아름다운 이름 하나 붙여 주면 안 되는 것일까? 김춘수처럼 내가 불러 주는 그 이름으로 꽃이 되어 주면 안 되는 것일까?

사실 하늘의 뜻에 대해서는 천 년이라는 중세의 세월이 흘러가는 동안 수많은 천재들이 설명해 놓은 상태이다. 그것이 전통을 이루며 지식의 군주처럼 군림해 왔다. 모든 것이 다 잘 정리 정돈되어 있다. 도서관처럼 어디에 가면 어떤 책을 찾을 수 있는지 생각의 지도까지 완성되어 있다. 움베르토 에코의 《장미의 이름》(1980)에 나오는 그 도서관처럼 길을 모르는 자에게는 미로처럼 여겨질 정도로 정교하고 섬세하다. 하지만 그런 도서관에서 현실적으로 중요한 지식은 거부되고 배척되고 만다. 웃음을 연구한 아리스토텔레스의 이론 따위는 중세에 발을 붙일 수가 없었던 것이다.

베이컨의 글을 읽으면 확신이 서기보다는 이럴 수도 있고 저럴 수도 있다는 우연의 논리가 더 지배적임을 알고 불안해지기 일쑤이다. 그가 펼치는 우주에 관한 탐구는 말 그대로 아님 말고 식의 서술로 넘쳐 난다. 하지만 그것조차 너무도 논리적이다. 그는 가급적 사실을 바탕으로 하여 이야기를 펼쳐간다. 답을 추구하고는 있지만, 그 답이 목적은 아니다. 끊임없이 질문하고 던져진 그 질문에서 또다시 다른 질문을 만들어 낸다. 그 질문의 여정에서 맞이하게 될 목적지는 어디일까? 아무도 모른다. 대답을 듣고 싶은 마음보다 그 질문의 끝이 더 궁금해지기도 한다. 듣고 싶으면 스스로 가 보는 수밖에 없다.

경험주의 철학은 자연과 함께 우연과 직면한다. 우연은 불안하기만 하다. 과거 신학의 논리는 깔끔했고 그만큼 안정적이었다. 중세를 떠나기란 그래서 정말 힘들다. 중세의 매력은 안정적인 신의 형상과 굳건하게 연결되어 있다는 데 있다. 하지만 세상은 온통 모호함의 지옥이다. 믿음으로도 해결이 안 되는 것이 너무도 많다. 이런 모호함 전체가 다양성으로 해석되기까지는 시간이 더 필요하다. 아직 베이컨의 생각은 그 다양성이라는 개념에 이르지 못한 상태이다.

6.

네 가지 우상에 대한 설명

　　생각을 감옥 속에 가두는 실수는 우상의 형성과 관련한다. 사실 생각하는 존재에게 우상은 피할 수 없는 운명과 같다. 모든 생각은 한결같이 뜬구름 잡는 식의 발상부터 시작하기 마련이다. 그것이 시간을 거듭하며 논리를 형성하게 되고 현실과 타협하기도 하면서 인정받게 된다. 생각하는 존재가 지향하는 생각은 늘 똑같다. 그것은 행복한 생각, 옳은 생각, 좋은 생각, 긍정적인 생각이다. 그것을 무엇이라 지칭하든 상관하지 않아도 된다.

　　생각하는 존재에게는 그 생각하는 내용에 의해 행복과 불행이 결정된다. 사람을 불행에 빠뜨리는 생각을 베이컨은

4가지 우상으로 설명한다. '이돌라 트리부스(Idola Tribus: 종족의 우상)', '이돌라 스페쿠스(Idola Specus: 동굴의 우상)', '이돌라 포리(Idola Fori: 시장의 우상)', '이돌라 테아트리(Idola Theatri: 극장의 우상)'가 그것이다. 베이컨도 이 설명을 《신기관》의 핵심으로 보았는지 개념들을 모두 라틴어로 정했다. 일반적인 어감으로 받아들여지지 않는다. 무슨 특별한 어감을 부여하고 있는 느낌이 들기도 한다. 징검다리를 건너듯이 차근차근 조심스럽게 밟아 나가야 할 대목이다.

첫째, 이돌라 트리부스는 인간이라는 종이기 때문에 따라다니는 실수로서의 우상이다. 이것을 베이컨은 '인간 자체에 결함이 있다'라는 식으로 설명한다. 자기 감각을 기준으로 사물을 판단하기 때문에 벌어지는 현상이다. 어린 시절 보았던 학교 교정을 다 자란 후 다시 가 보면, 커 보였던 과거의 시각에 대해 낯설어진다. 눈높이가 달라졌기 때문에 벌어지는 현상이다. 이는 감각이 전하는 정보에 대한 인식이 절대적이지 않다는 것을 의미한다. 아무리 자기 생각이라고 확신을 가져도 그 생각이 저지르는 오류는 피할 수가 없는 법이다.

둘째, 이돌라 스페쿠스는 경험의 내용이 제한적이라는 것이다. 누구나 시간과 공간의 제한을 받는다. 아무리 한우충동으로 쌓아 놓을 만큼 책을 읽어 대도 단지 그것이 전부일 뿐이다. 늘 계산에 두지 못한 부분이 있기 마련이다. '우물 안 개구리'는 모든 인간에게 적용된다. 개인은 개인일 뿐이다. 개인이 전체를 대변할 수는 없다. 그런 경우가 실제로 벌어지게 된다면 그것은 독재가 이루어지는 범죄의 현장일 뿐이다. 자기 생각을 타인에게 강요하는 것만큼 어리석은 짓은 없다. 이때 대화의 가능성은 허물어지고 만다. 이럴 경우 아직 권력행사에 준비가 되어 있지 않은 세대는 침묵으로 대화에 임한다. 말을 하면서도 진심을 담아내지는 않는다. 소위 어른이 듣고 싶은 말을 하며 쓸데없는 불화를 미연에 방지하고자 할 뿐이다.

셋째, 이돌라 포리는 시장이라는 공간을 전제한다. 모든 도시의 중심에는 어김없이 사람들이 모이는 곳이 있다. 사람들은 모이며 즐거움을 느끼고, 함께 있으며 행복감을 느낀다. 그런데 '언어로써 의사소통'을 하는 과정에서 우상은 생겨날 수밖에 없다. 상대방이 한 말을 알아듣고 나면 그것에 의해 스스로 생각하는 일은 실로 엄청난 방해를 받게 된다. 상대가 한 말을 반복하고 있으면서도 스스로 생각하고 있다는 착각에 빠지기도 한다. 그것이 사실이고 그것이 진실이라고, 상내가 한 말을 변호까지 하게 된다.

언어는 여전히 지성에 폭력을 가하고, 모든 것을 혼란 속으로 몰아넣고, 인간으로 하여금 공허한 논쟁이나 일삼게 하고, 수많은 오류를 범하게 한다.

베이컨이 경고한 말이다.

넷째, 이돌라 테아트리는 연기를 하는 인간의 속성을 전제한다. 말을 하면서 침묵할 수 있는 것이 사람의 능력이다. 침묵으로 말을 할 수도 있다는 얘기다. 거짓말을 하면서도 진실인 것처럼 말을 할 수도 있고, 진실을 말하면서도 듣는 이로 하여금 거짓말인 것처럼 들리게 말할 수도 있다. 생각하는 존재에게 말하는 능력은 참으로 한계를 모르고 발전할 수 있다. 고대 최초의 사학재단이 바로 이런 수사학에 집중했던 것도 바로 이런 이유에 기인한다. 설득의 기술, 그것이 수사학의 핵심이다. 진실은 중요하지 않다. 스토리텔링처럼 '말이 되는 말을 하는 기술'을 전수하고자 할 뿐이다. 대중을 휘어잡을 수 있는 뉴스를 만드는 기술이 최고의 능력이라는 것이다. 그것이 가짜뉴스라도 상관없다. 그런 뉴스를 창출해 내는 자에게 고액의 수고비를 주고 있는 것이 현대사회이다.

하지만 베이컨은 사람들이 이 모든 우상의 원인에 대해

제대로 대처해 주기를 바란다. 그것이 경험주의의 목적이다. '점성술, 꿈점, 징조, 천벌 따위와 같은 모든 미신'에 저항해 주기를 바란다. 이런 것들로부터 생각이 자유로울 수 없지만, 끊임없이 검증하고 반성하며 성찰해 주기를 바란다. 사람은 방황하지 않을 수 없지만, 지속적인 의혹 제기로 올바른 길을 찾으려는 노력을 포기하지 말아야 한다는 것이다.

7.

동시대인
셰익스피어의 4대 비극이 전하는
메시지와 경험주의

베이컨은 1561년생이고, 셰익스피어는 1564년생이다. 세 살 차이다. 그런데 셰익스피어의 존재에 대해서는 말들이 많다. 셰익스피어 학회에서는 그가 누군지 밝혀 놓았지만, 그것조차 그렇게 신용이 가지는 않는다. 누구는 베이컨이 셰익스피어라고 말하고, 누구는 동시대 희곡 작가 크리스토퍼 말로라고, 다른 누구는 엘리자베스 여왕이 그라고 말하고 있다. 사실 그가 누군지는 그리 중요하지 않다. 그가 한 말과 이념이 베이컨의 말과 그것과 유사하다는 것이 흥미로울 뿐이다.

베이컨이 철학자로서 본질적 차원에서 이념을 설명했다면, 셰익스피어는 현상적 의미에서 삶의 형식을 설명했다고 볼 수 있다. 즉 현상의 원리가 셰익스피어의 4대 비극의 원인을 이룬다는 점이 새롭다. 그가 무대 위에서 보여 준 비극의 원인은 모두 베이컨이 말한 4대 우상과 비교될 만큼 유사하다.

햄릿은 죽은 아버지의 망령을 만나서 말을 듣고서 그 귀신이 하는 말을 진리로 간주하는 실수를 범한다. 그리고 다른 모든 사람의 말을 믿지 않는다. 심지어 사랑하는 오필리아의 말조차 믿지 않는다. 이런 실수가 비극을 초래하고 만 것이다. 오셀로는 부하의 이간질을 진리로 간주하고 만다. 그래서 자기 부인이 다른 부하와 불륜관계라는 말을 찰떡같이 믿고 끊임없이 그 증거를 찾아간다. 결국, 선물로 준 손수건이 문제가 되어 확신을 얻게 되고 아내를 칼로 찔러 죽인다. 리어왕은 막내딸을 좋아하고 사랑했지만 두 언니의 말을 듣고 그 사랑했던 막내딸을 외국으로 시집보내고 만다. 결국, 그런 행정적 처분은 한 나라 전체를 위기에 빠뜨리는 원인이 되고 만다. 마지막으로 맥베스는 세 명의 마녀들로부터 왕이 될 운명이라는 소리를 듣게 된다. 그 말을 전해 들은 아내는 남편을 부추겨 왕을 죽이고 남편이 왕좌에 오르게 한다. 하지만 사람을 직간접적으로 살해한 두 사람은 환영에 시달리다가 아내는 자살하고 남편은 살해를 당한다.

비극의 주인공들은 한결같이 생각에서 '자기가 자신의 주인'이 되지 못했다. 생각 속에서 자기 자신에 대한 주도권을 가지지 못했다는 것이다. 남이 하는 말에 놀아났다. 그 말을 자기가 하는 말처럼 간주하는 실수를 범한다. 남이 한 말을 진실로 간주하는 오류를 범한 것이다. 진실을 규정하는 행위에서도 자기 자신은 배제되었다. 진실의 주인조차 자기 자신이 되지 못했다.

생각의 기원을 타인에게 둘 때 비극은 발생하고 만다. 우상에서 시작된 생각의 결말은 어김없이 비극적이다. 아무리 힘들어도 스스로 경험하고 깨달아야 한다. 먼 길을 돌아간다고 해도 그것이 자기에게 걸맞은 것이라면 그것이 바로 자기 자신의 길이다. 모든 인생의 길은 주관적일 수밖에 없다. 누구는 목적지까지 가는 데 10분이면 갈 길을 누구는 10년이 걸릴 수도 있고 또 누구는 평생이 걸릴 수도 있다. 그것이 인생의 묘미다.

생각하는 존재에게 행복의 기준은 생각의 내용에 의해 결정된다. 어디까지 생각해 보았는가? 이 질문 앞에서 주눅 들지 않고 '나는 이런 생각까지 해봤다!' 하고 당당하게 말을 할 수 있는 자가 결국에는 행복할 자격을 꿰차게 되는 것이다. 죽음 앞에서도 그는 당당하게 새로운 여행길을 모색할 것이다. 아무도 가 보지 못한 자기 자신의 죽음이라는 여행지를 선택하는 자의 눈길이 그 먼 길을 주목하게 될 것이다.

여행자는 과거의 무한과 미래의 무한 사이에서 자기 자신의 현실을 인식해 낼 것이다. 자연 속에서 자연을 발견하는 것은 관찰자의 몫이다. 베이컨은 미신과 신학이 뒤섞이는 바람에 철학이 타락하게 되었다고 주장한다. 이제 그는 새로운 철학으로 새로운 시대를 열고자 한다. 오류를 신격화하는 실수를 경계하고, 오로지 경험으로 쌓아 올린 지식의 등대에서 밝혀 주는 등불을 보고자 한다. 경험은 쓰라린 상처를 남긴다. 그것이 흉터라 불린다. 그것에 의미를 부여하고 자기 자신의 인생이라고 말할 수 있는 것은 오로지 자기 자신뿐이다.

V.

괴테의 《파우스트》와
대지의 뜻

1.

모범적인
인간

    불멸이 된 작가, 세계의 문호 등 괴테를 위한 수식어는 수도 없이 많다. 그는 대표적인 고전주의 작가로서 '모범적인 인간'을 제시해 주려고 애를 썼다. 그러니까, 그를 표현함에 있어서 '고전주의'와 '모범'은 동전의 양면처럼 늘 함께 따라다니는 개념으로 간주하면 된다. '고전주의'로 번역되는 말의 라틴어는 '클라씨쿠스Classicus'이다. 이 말을 직역하면 '최고의 세금을 내는 계급'이라는 뜻이다. 소위 퍼스트 클래스에 대한 이념을 제시해 주고 있는 것이다. 최고의 모범으로써 말이다.

    괴테는 민족 작가의 반열을 넘어서서 인류를 위한 고전 작가로 등극했다. 그는 민족의 영웅을 제시한 것을 넘어 인류가 모범으로 간주할 수 있는 세계적 인물을 제시해 준 작가이다. 하지만 무엇을 두고 모범이라고 말하고 있는지, 그것은 그가 남겨 놓은 텍스트 속에서 찾아내야 할 답이다. 무엇이 그의 파우스트를 세계시민으로 만들어 주고 있는지, 그것을 알아내는 것이 곧 우리의 숙제가 된다.

파우스트는 괴테가 제시한 모범적인 인간의 이름이다. 이 이름의 의미가 독특하다. 독일어를 직역하면 '주먹'이란 뜻이다. 주인공 이름이 주먹이다. 사람은 태어나면서부터 두 주먹 불끈 쥐고 있다. 주먹은 힘의 증거가 되기도 하고 또 의지의 표현이 되기도 한다. 두 주먹 불끈 쥐게 될 때 사람들은 무엇인가 해 보고자 하는 뜻을 품기도 한다. 주먹은 의지 외에도 욕망, 욕정 혹은 정욕 등의 의미까지 포괄한다. 사람이 가질 수 있는 모든 마음을 품어 내는 상징으로 간주해도 된다.

욕망의 화신이 파우스트이다. 중세의 모범이라면 결혼을 포기하고 수도원에 들어가 하나님과의 사랑에만 몰두하는 것이었다. 하지만 괴테는 오히려 이런 욕망의 변호인이 되어 욕망을 구원하고자 한다. 파우스트는 수많은 욕망에 최선을 다한다. 지식욕, 성욕, 승부욕, 소유욕, 명예욕 등 다양한 욕망을 추구한다. 어느 것 하나 적당히 하다가 내버려 두는 일이 없다. 인간이 할

수 없는 영역이라면 악마의 도움을 받아 가면서까지 도전하고
자 한다.

악마의 도움까지 받는다! 여기에 시대를 앞서간 괴테의
이념이 담겨 있다. 중세 같으면 천벌을 받아 마땅하고 당연히
에덴동산에서 쫓겨나야 할 일이었다. 하지만 악마가 곁에 있다.
악마의 유혹은 끊임없이 도전해 온다. 신은 너무도 멀리 있고,
악마는 너무도 가까이 있다. 부르면 오는 이가 악마다. 아무리
거부해도 거침없이 다가오고, 아무리 잊으려 해도 잊히지지 않
는다. 악마의 손길은 늘 닿자마자 전율을 일으킨다. 소름이 끼
치지만 거부할 수가 없고 참을 수가 없지만 좋기만 하다. 그것
이 악마가 전하는 묘한 맛이다.

괴테의 모범적인 인간은 악마를 이용한다. 그리고 악마
와 내기를 하고 경쟁을 한다. 고대의 비극 경연대회 아곤을 닮
았다. 정정당당하게 대결을 펼친다. 하지만 파우스트는 승리에
는 관심이 없다. 악마에게 패배를 안겨 주려고 경쟁하는 것이
결코 아니다. 그냥 자신이 원하는 대로 살고 싶을 뿐이다. 알고
싶은 대로 알고 싶고, 사랑하고 싶은 대로 사랑하고 싶을 뿐이
다. 굳이 살아 있는 동안이라는 시간적 제한도 두지 않는다. 그
냥 욕망이 있는 한 '욕망대로 살고 싶다!'가 파우스트의 뜻이다.

악마는 그가 원하는 대로 해 주기만 하면 된다. 종이 되어 그에게 복종해 주기만 하면 되는 것이다. 만약 어느 순간 만족하면 파우스트의 영혼은 악마의 것이 된다. 이런 경기규칙과 조건으로 파우스트는 메피스토펠레스와 피의 서약을 한다.

대결은 정정당당하다. 서로가 원하는 것을 잘 안다. 속임수도 없다. 잔꾀를 부려 사람을 괴롭히지도 않는다. 파우스트는 욕망대로 살고 싶어 하고, 메피스토는 그의 영혼을 가지려고만 한다. 파우스트는 시시때때로 바뀌는 꿈과 희망을 앞세우고, 메피스토는 그것을 충족시키고 만족시켜 영혼을 쟁취하려고만 애를 쓴다. 그것이 숨길 수 없는 생각이고 본심이다. 누가 이길까? 욕망이라는 경기장에서 승리의 영광은 누가 거머쥐게 될까?

2.

대지의 정령이
인정하는 초인

악마, 즉 메피스토가 등장하기 전에 파우스트는 여러 측면에서 도움을 청해 보고 거기서 만족을 느껴 보려 했었다. 이렇게 되기까지 그는 신이 원하는 대로, 신이 시키는 대로 다 했음을 선포했다. 소위 말하는 중세의 4대 학문, 즉 철학, 법학, 의학, 신학을 골고루, 그것도 치열하게 공부했다. 그런데도 아는 것이 별로 없다. 아니 공부를 시작할 때보다 더 어리석어졌다고까지 판단될 정도다. 그러자 위기가 엄습한다. 생각하는 존재에게 생각의 의미에 대해서 허무함을 느끼고 있는 것이다. 삶 자체에 대해서 의미가 없다는 인식은 삶을 포기하게 하는 치명적인 실수에 해당한다. 이런 위기를 괴테는 파우스트로 하여금 어떻게 극복하고 헤쳐 나가게 하는지 잘 살펴 보아야 한다. 거기에 그의 의도가 스며 있기 때문이다.

예언서 노스트라다무스의 책이 도움이 될까? 마술을 가르쳐 주는 책이 도움이 될까? 금을 만든다는 연금술이? 별들을 바라보며 운명을 점친다는 점성술이? 파우스트는 이 모든 것에 도움의 손길을 뻗어 보았지만, 그 학문들 자체는 삶의 현장에 별 도움이 되지 못했다. 알면 알수록 늪 속으로 빠져드는 느낌만이 강렬해질 뿐이었다. 아는 만큼 삶의 영역은 자꾸만 줄어드는 그런 위기감만 증폭될 뿐이었다. 어떻게 살아야 할까? 도움을 받을 수 있는 그 무엇이 도대체 존재하기라도 한단 말인가? 그 '있음'에 대한 회의가 생각하는 존재를 허무함 속에 가둬 놓게 한다. 악순환이 따로 없다.

하지만 생각이 만들어 낸 온갖 종류의 '있음'에 대해서 등을 돌릴 수 있을 때, 마침내 전혀 다른 생각이 엄습해 온다. 그것이 바로 '내가 신이 아닐까?' 하는 발칙한 생각이다. 생각은 자유인데 생각해서는 안 될 생각이 있을까? 금지된 생각이 있을까? 이런 생각은 절대로 하면 안 된단 말인가? '내가 신이 아닐까?' 중세 같으면 종교재판에 서야 할 아주 위험한 발언이다. 하지만 괴테는 파우스트를 통해 이런 성역에 도전장을 내민다. 금기사

항을 입에 담으며, 즉 중세에는 허용되지 않던 말, 하지 말라는 말을 스스로 입에 담으며 새로운 세대의 등장을 선포한다.

온갖 '있음'에 대해 돌아섰을 때, 눈에 들어오는 것은 이 세상의 것들이었다. 즉 이 대지의 것들이었다. 대지로 번역되는 독일어는 '에르데Erde'이다. 신이 흙으로 사람을 만들었다는 아담도 어원이 같다. 에르데를 대지, 흙, 땅, 육지 등 뭐라고 번역하든 상관없다. 이름은 하나지만 그 내용은 다양하다는 것을 인식할 수 있다면 그만이다. 이동용은 하나의 이름이지만, 그 이름이 뜻하는 사람을 알려면 다양한 것을 알아야 한다. 심지어 보이지 않는 것도 볼 줄 아는 눈이 요구되기도 한다. 대지를 알고 싶은가? 그러면 현상에 휘둘리는 시선으로는 전혀 알 수가 없다.

대지가 보여 주는 것은 무섭기만 하다. 생로병사라는 현상은 겁을 먹기에 충분하다. 결국에는 죽음뿐이다. 이것을 인정하기가 쉽지 않다. 사람은 삶에 연연한다. 죽어도 살려 달라고 애원하는 것이 사람의 마음이다. 사람에게 삶은 필연적이다. 삶이 없으면 사람은 쓸모없는 존재가 되기 때문이다. 그런데 괴테는 이런 대지를 하나의 인물로 형상화해 낸다. 그리고 파우스트와 직면하게 한다. 대지의 정령과 파우스트의 대화, 그것을 괴테는 어떤 행위로 또 어떤 말로 채워 놓았을까?

파우스트는 대지를 향해 모습을 드러내라고 요구한다. 그러자 대지는 모습을 드러낸다. 하지만 그 모습은 흉측하기만 하다. "무서운 얼굴이구나!" 이 말을 하면서 얼굴을 돌린다. 차마 정면으로 바라볼 수 없는 얼굴이라는 얘기다. 그런데 그 정령이 하는 말 속에 '초인인 너'라는 표현이 눈길을 끈다. 파우스트는 대지의 정령이 인정하는 초인이었다. 초인이 파우스트였다. 이 등식 앞에서 우리는 정말 한참을 머물러 있어야 한다. 현상적 인물 파우스트와 본질적 의미의 초인이 하나로 합쳐질 때까지! 현상과 본질이 인식의 그물로 짜일 때까지!

대지의 현상은 좋기도 하고 싫기도 하다. 봄이 되면 좋지만, 겨울이 되면 싫다. 나무도 봄이 되면 살이 터지는 속도로 존재의 영역을 확대해 나가면서도 행복에 거워하지만, 겨울이 되면 주리고 주리며 속이 새카맣게 타들어 가는 아픔을 견뎌 내야 한다. 살고 싶다면 달리 선택할 여지가 없다. 다른 길이 존재하는 것도 아니다. 겨울이 되면 삶은 정말 견디기 힘든 것이 되고 만다.

좋은 것은 좋지만, 싫은 것은 싫다. 이것은 진리다. 사람에게 호불호는 분명하다. 삶에 도움이 되는 것은 좋고, 삶을 위협하는 것은 싫다. 그런데 이 세상에는 둘 다 존재한다는 것이 삶의 문제다. 무엇을 보며 살 것인가? 그것이 문제라는 얘기다. 아픔이 커지면 삶 전체가 아프다. 새끼손가락에 조그만 가시 하나 박히면 그 아픔 때문에 다른 사물들이 제대로 보이지도 않는다. 하나의 상실이나 실패가 삶 전체의 의미를 앗아갈 때도 있다. 이때 대지의 얼굴은 무섭게 보이기만 할 것이다. 그것을 본 자가 파우스트이다.

3.

두 개의 영혼이
살고 있다

 사람이 사는 곳에는 두 개의 영혼이 함께 공존한다. 하나는 선이라 불리고 다른 하나는 악이라 불린다. 해도 되는 것이 있고 해서는 안 되는 것이 있다. 이것을 기독교는 선과 악으로 해석을 해 놓았다. 기독교가 태초부터 선점하면서 모든 논리는 이 종교가 내놓는 교리로 꿰어지고 세상을 바라보는 시선조차 기독교에 의해 규정되고 말았다. 선은 좋고 악은 싫다? 하나님은 선이고 메피스토는 악이다? 이런 분류가 배타적 이분법이다. 기독교의 논리는 전형적인 배타적 논리로 일관한다.

 어렸을 적부터 '착한 어린아이'라는 이데올로기에 휩싸여 살아야 하는 것이 사람의 운명이다. 선인이 되고 위인이 되며 성자가 되어야 하는 것을 당연하게 여긴다. 물론 이 모든 것이 귀찮기만 하다고 말하는 게으른 자들도 있다. 게으름을 변호하는 자기합리화와 자기변명이 때로는 매력적이기도 하다. 하지만 대부분 사람들의 인생에서, 그렇게 보낸 세월 속에 삶으로 주어진 소중한 시간이 흘러간다는 인식이 올 때쯤이면, 이미 때는 늦고 만다. 그때는 후회해도 도움이 되지 않는다. 그런 후회의 감정이 삶을 지옥으로 끌고 들어갈 것이다.

　두 개의 영혼! 그것은 피할 수 없다. 한쪽에서는 하라고 유혹하고, 다른 쪽에서는 하지 말라고 만류한다. 생각은 늘 하나의 논리를 선택하면서 진행된다. 선택을 해야 하는 것이 생각의 몫이다. 갈림길에서 생각은 늘 순간적으로 하나의 길을 선택할 수밖에 없다. 시간은 개인과 타협을 하지 않고 흘러만 가기 때문이다. 이런 생각을 할까 저런 생각을 할까? 하지만 그 모든 선택은 삶을 연장하는 것에 주력할 뿐이다. 그 선택의 결과를 두고 사람들은 그 개인이 살아온 삶의 여정이라고 말하게 된다. 그것이 그 사람의 인생이라고 말하는 것이다. '살고 싶다!' 이것은 사람에게 주어진 영원히 변함없는 진리의 소리와 같다. 사람이기에 할 수밖에 없는 운명적 증언과도 같다.

　그런데 '죽고 싶다!'고 말할 때도 있다는 것이 문제다. 사람이 사람이기를 거부하는 그런 순간도 있다는 것이 사람의 문제다. 괴테는 파우스트라는 인물을 만들어 낼 때 죽음의 문제에 직면하게 했다. 모든 것이 허무하다는 인식 앞에 서게 했다. 그런 다음 죽고 싶다는 말을 하면서 독배를 들게 했다. 그때 부활의 노래가 울려 퍼졌다. 부활의 이념이 생각난 것이다. 천사들은 이런 노래를 들려준다. 한계에 직면해야 들을 수 있는 노래다. 부활은 죽음을 경험해야 실현되는 기적이기 때문이다.

두 개의 영혼은 서로 희석되지 않는다. 선善은 선이고, 악은 악이다. 마치 태극 속을 채우고 있는 음양의 구분과도 같다. 두 개의 색깔은 분명하다. 서로의 영역을 침범하지 않도록 선線은 분명하게 그어져 있다. 다만 두 개의 영역이 서로를 지향하며 돌고 있다는 것이 태극문양이 보여 주는 신비의 세계다. 음과 양은 물방울을 닮았다. 칼이나 화살처럼 날카롭지 않다. 부드럽다. 끊임없이 파고들려고만 한다. 영원한 소용돌이처럼 보이기도 한다. 사람은 사는 동안 이런 소용돌이 속에서 살아야 한다는 것이 문제일 뿐이다. 생각에 임한다는 것은 이런 소용돌이 속에 있음을 인식하는 것이나 다름이 없다.

선과 악을 구별하는 능력을 기독교에서는 '선악을 알게 하는 나무'(창세기 2:9)의 이념으로 설명해 놓았다. 이 또한 기독교가 선악을 이렇게 설명함으로써 그 의미를 독점하고 말았다. 다른 생각이 허용되기까지는 수많은 것을 해결해야 하는 숙제가 주어졌다. 기독교식으로, 선은 좋고 악은 싫다는 식으로, 즉 배타적으로 다가서면 괴테의 책 《파우스트》(1772-1832)는 읽히지 않는다. 그의 이념을 인식하기 위해서는 다른 방식의 해석도 허용하는 넓은 마음이 필요하다. 즉 마음의 문을 열어 놓는 아량이 요구된다.

　'선과 악, 둘 다 내 안에 있다!'라는 이 선포야말로 초인의 것이다. '나는 선과 악으로 이루어져 있다!', 이것이야말로 초인의 인식이다. 그런 생각을 읽어 낸 대지는 파우스트를 초인으로 평가해 준 것이다. 파우스트를 주눅 들게 한 것은 하나도 없었다. 그는 할 수 있는 것이라면 다 했다. 책이라면 거의 모든 책을 읽어 댔다. 지식이라면 가리지 않고 섭렵했다. 다만 그런데도 만족할 수 없고 행복해질 수 없어서 문제가 생겼을 뿐이다. 선과 악, 두 개의 영혼이 있다는 것은 알겠는데, 그래서 어떻다는 말인가? 어쩌란 말인가? 이에 대한 대답은 들려오지 않는다. 기독교의 배타적 논리로는 만족할 수 없다. 삶이 있고, 죽음이 있다. 이것을 인식하고 깨닫는다는 말이 도대체 무엇을 의미하는 것일까?

4.

로고스와 이성에 대한 해석 ―
인간은 노력하는 동안 방황한다

　메피스토는 신이 인간에게 이성을 주지 않았더라면 더 행복하게 잘 살았을 것이라고 말한다. 악마의 시선으로는 인간이 신이 준 그 이성 때문에 삶을 힘들게 살아가고 있다는 것이다. 이성이 모든 악의 근원이라는 얘기다. 하지만 악마의 말대로 이성만 아니었더라면 삶이 더 나아졌을까? 문제다. 악의 시각으로 보면 이성이 문제지만, 이성적 존재로 살아가야 하는 사람의 입장에서 보면 그렇게 간단한 문제가 아니다. 누워서 침뱉기가 되는 꼴이기 때문이다. 이성적 존재가 이성을 부정하고 나면 남는 것이 없게 된다. 존재 전체가 무의미해지고 만다.

　사람은 삶을 변호할 의무가 있다. 사람이 삶 자체를 부정하면 사람으로서의 존재 의미도 사라지고 만다. '왜 저를 낳으셨나요?' 하고 태어남 자체를 문제 삼기도 한다. 원한의 감정을 자기 부모에게 돌리는 것보다 더 어리석은 일이 없다. 그런 태도는 자기 삶에 대한 무책임한 처사임을 증명할 뿐이다. 어떤 식으로든 삶은 변화되어야 마땅하다. 그리고 삶에 대한 그 변호는 오로지 자기 자신에 의해서만 가치와 의미를 쟁취하게 된다.

인간의 이성을 향한 메피스토의 공격 앞에서 신은 특별하고 독특하게 반응한다. 그는 메피스토에게 파우스트를 언급한다. 그러면서 이 파우스트야말로 아무리 고생하고 힘들어도 결코 나쁜 길에 빠지지 않을 것이라고 확신한다. 인간에 대한 신의 믿음이다. 사실 이런 말을 하나님의 대사로 만들어 놓은 것은 괴테이다. 즉 성스러운 신의 말로 만들어 놓음으로서 그것을 진리로 간주하는 결과를 낳고 있다. 진리가 된 그 말 속에 괴테의 이념이 담겨 있다.

그리고 이 파우스트가 나쁜 길로 접어들 것인가 아닌가를 두고 메피스토와 신은 내기를 한다. 첫 번째 내기 장면이다. 메피스토는 그를 신의 길에서 빼앗아 보겠노라고 호언장담한다. 그때 신은 명언을 하나 남긴다. "인간은 노력하는 동안 방황한다." 신의 증언이지만, 이는 곧 괴테의 주장도 된다. 괴테의 인생관이 담긴 한 마디 말이다. 주어와 술어만 읽으면, '인간은 방황한다'가 된다. 인간의 조건으로 방황을 제시한 것이다. 방황하지 않는다면 인간도 아니라는 말로도 해석이 가능하다. 인간이라면 누구나 방황할 수밖에 없다는 이 말에는 사실 엄청난 위로의 의미가 담겨 있기도 하다.

두 번째 내기 장면은 악마, 즉 메피스토와 파우스트 사이에서 일어난다. 이 대결은 《파우스트》 전체를 채운다. 인간의 조건으로 괴테는 '방황'을 꼽았다. 그리고 그 방황은 노력의 결과일 뿐이다. 악마를 이길 수 있게 하는 것은 오로지 노력이다. 노력이라는 말은 힘든 일을 한다는 것이다. 불교의 이념으로 말하자면 금욕 고행이다. 하고 싶은 것을 스스로 금지하고 의도적으로 어려운 일을 찾아 행한다는 뜻이다. 힘든 일, 어려운 일, 이것이야말로 깨달음으로 가는 지름길이다. 쉬운 일을 통해서는 깨달음을 얻을 수 없다. 노력하지 않고 얻은 것은 모두 위험하다. 감당할 능력도 안 되는데 천운으로 주어진 것은 준비도 안 된 자를 하늘 위에 올려놓는 것이나 다름없다. 결국, 그는 추락이라는 고통을 당하지 않을 수 없는 것이다. 어떤 형태로든 비상은 날개를 가진 자에게 주어지는 행복이다.

그리고 요한복음 1장 1절을 번역하는 장면에서도 이성에 대한 또 다른 고민을 접할 수 있다. 이 장면이 전하는 메시지는 매우 복합적이다. "태초에 말씀이 계시니라." 이것을 도대체 어떻게 이해해야 할까? 이 또한 성경 저자 중의 한 명인 사도 요한의 입장이 문제 된다. 그가 먼저 하나님의 뜻을 접했고, 그것을 이 문장 속에 담아 냈으며, 또 그것을 자기 서신의 첫 문장으로 삼았던 것이다. 이야기를 만들어 가는 데는 천재적인 발상이 아닐 수 없다. 하지만 그 문장을 번역하는 자의 입장에서 보면 상당히 복잡해지고 만다.

독일어 '이히 리베 디히Ich liebe dich'를 국어로 옮기게 되면, '사랑해', '사랑한다', '사랑합니다', '사랑해요' 등 다양하게 바꿀 수 있다. 하지만 그때마다 어감도 조금씩 달라진다. 이것은 번역의 문제다. 또 모든 말은 감정이 따르기 마련이다. 감정상태에 의해 전혀 다른 느낌으로 전해진다. 무대 위에 오른 배우가 이히 리베 디히라는 이 대사를 입에 담아야 한다면, 다양한 감정 앞에 서야 하는 숙제를 떠안게 된다. 호감을 느끼며 말을 해야 하지만 악의적으로 말을 할 수도 있다. 또한 범죄자의 어투로도 말을 할 수 있다. 이것은 또 해석의 문제다.

우선 신의 목소리가 있었을 것이다. 그것을 접한 최초의 귀는 사도 요한이다. 그는 신으로부터 태초의 사건에 대해서 들었을 것이다. 저자는 그 신의 말을 어떤 인간의 말로 표현해 내야 할 것인가? 그것이 바로 저자의 입장에서 생각해 보는 문제인 것이다. 태초에 있었던 것이 '말씀'이었을까? 저자가 신의 말을 제대로 이해한 것일까? 파우스트는 회의에 빠진다. 그러면서 다른 단어들을 그 자리에 대체해 본다. 말하기 전에 '뜻'이 있었겠지, 뜻을 가지기 전에 힘이 있었겠지, 힘을 사용하기 전에 행동이 있었겠지. 이렇게 해서 말씀에서 시작하여 뜻과 힘을 거쳐 행동에까지 이른 것이다.

그런데 행동에서 번역은 멈춘다. 파우스트는 더 이상의 가능성을 찾아내지 못한다. 행동을 인간의 조건 중의 최고의 것으로 간주하는 것이다. 행동하는 인간, 그가 곧 파우스트이다. 끝까지 행동하며 노력하는 인간, 그가 곧 괴테가 최고로 간주하는 이상형인 것이다. 끝까지 포기하지 않고 노력하고 방황했다면, 그는 구원받을 자격이 있다. 비록 그가 악마의 힘을 빌렸다고 하더라도 구원의 길에서 제외될 수는 없다는 것이 괴테의 구원론인 것이다.

5.

파우스트의 남성성과
그를 인도하는 영원한 여성성

《파우스트》의 마지막 장면은 천사들의 합창으로 채워진다. 그것은 하늘의 소리이며 천국의 소리이다. 신비롭다. '우니오 뮈스티카Unio mystica'가 따로 없다. 임마누엘의 완성체이다. 더 노골적으로 말하면, 이것이 바로 구원의 현상이다. 이것을 힌두교의 이념으로 표현하면 물아일체가 되는 것이고, 이것을 불교의 개념으로 설명하면 니르바나가 되는 것이다. 기독교는 말씀의 종교이니 말이 넘쳐 난다. 말이 그 어느 종교보다 많다 보니 해석도 넘쳐 난다. 이렇게 넘쳐 나는 말과 해석으로 인해 가끔씩 전혀 의도치 않은 길로 접어들기도 한다. 사랑하기보다는 증오를 남발하고, 복음 전도보다는 종교재판에 더 열을 올리기도 한다. 하나님을 알아보고 믿기보다는 마녀를 알아보고 사냥하기에 급급할 때도 있다.

이제 괴테가 문학적 비유로 전하는 메시지에 귀를 기울여 보자. "영원한 여성성이 / 우리를 하늘로 인도한다."《파우스트》를 마감히는 문장이다. 신비로운 합창의 마지막 구절이다. 천둥소리처럼 여운이 오래간다. 그 파장은 지금까지 이어지는 듯하다. 감동은 아직도 울림을 전하는 듯도 하다. 영원한 여성성은 하늘의 뜻이다. 이는 아름다운 여성의 이미지와 연결되면서 신비로운 힘을 부각해 놓는다. 하지만 흉측하기만 한 대지의 뜻은 이 대지 위에 발을 붙이고 살아야 했던 인간의 노력으로 진행되었어야 했다.

노력은 초인의 행위에 의해 증명되었다. 어디까지 노력해야 할까? 죽을 때까지! 그렇게 노력할 수 있는 인간이 초인이다. 그런 초인만이 들어갈 수 있는 나라가 천국이다. 구원의 길은 만인을 향해 열려 있지만, 그 길을 끝까지 고수하며 건디는 이는 많지 않다. 대부분 더 쉬운 길을 찾으려 하며 보다 쉽게 결과를 얻어 내려 할 뿐이다. 금욕 고행을 거듭하며 고통을 기회의 순간으로 또 반전의 기회로 삼는 정신은 보기 드물다. 연꽃은 뿌리를 진흙탕에 둔다. 이 대지의 뜻에 뿌리를 내린다. 그리고 수면 위에 도달할 때까지 금욕 고행을 거듭한다. 그리고 급기야 수면에 도달하여 꽃으로 변신한다. 깨달음을 상징하는 성화이다.

영원한 여성성의 이끎을 받으려면 끝까지 남성성으로 살아야 한다. 남성성은 방황하는 노력에 의해 실현된다. 끝까지 방황하고 노력하며 삶의 현장에 머무를 수 있는가? 끝까지 참고 견딜 수 있는가? 불교에서도 우리가 사는 이 세상을 사바세계라고 했다. 참고 견디는 세계란 뜻이다. 이곳을 잘 참고 견뎌야 해탈의 기회가 온다는 것이다. 성경에도 이런 말이 있다. "그러나 끝까지 견디는 자는 구원을 얻으리라."(마태복음 24:13) 삶을 위한 지혜의 말씀으로 기억해 둘 만하다. 말씀의 종교는 말씀에 의해서만 구원을 얻을 수 있다. 복음조차 말씀으로 채워져 있다. 생각도 말씀으로 진행된다. 말도 안 되는 말을 할 때도 있겠지만, 방황하는 노력으로 그것들을 깔끔한 논리의 옷으로 갈아입혀 놓아야 한다. 그것이 초인의 일이다.

VI.

니체의 차라투스트라와
자기 구원의 논리

1.

차라투스트라가 누구인지는
니체에게 물어봤어야

수도 없이 다양한 이유로 오해를 받고 있던 니체는 자서
전 《이 사람을 보라》(1908)에서 안타까운 마음에 이런 말을 남겨
놓았다.

나의 입에서, 최초의 비도덕주의자의 입에서 나온 바
로 그 차라투스트라라는 이름이 도대체 무엇을 의미
하는지에 대해서 사람들은 내게 물어보았어야 했지
만, 아무도 묻지 않았다.

사람들은 니체에게 묻지 않고 비판했다. 물을 필요가 없

다고 판단했기 때문에 묻지 않았다. 생각을 틀에 가둬 놓고 또 정답까지 미리 정해 놓고 그의 글을 읽어 댔다. 정해 놓은 대답을 들려주지 않으니 미친 사람처럼 취급했다. 얼토당토않은 소리라고 간주했다.

니체는 위에 인용한 이 글을 '왜 나는 하나의 운명인지'라는 장에서 언급했다. 그는 하나의 운명이었다. 그는 신이 될 운명이었다. 그는 그 운명을 단 한 번도 원망하지 않았다. 힘들 때도 있었지만, 그때도 그 힘듦을 감내하려고 애를 썼다.

사람은 신이 될 씨앗이다. 사람은 운명이란 나무에서 신이 되어 열매를 맺는다. 생철학자 니체는 스스로 자기 자신에게 수고했다는 말로 위로를 해 주면서 '모든 것이 잘 익은 이 완벽한 날'에 자신의 삶에 대해 이야기를 한다. 제목이 '이 사람을 보라'라는 말은 사람이라 써 놓고 신으로 읽어 달라는 강렬한 메시지다. 그래서 '신을 보라'라는 의미로 '이 사람을 보라'라고 말했던 것이다. 독자는 사람의 이야기 속에서 신화, 즉 신의 이야기를 읽어 내야 하고 거기서 신의 속성을 찾아내야 한다는 숙제를 제대로 인식하며 또 온전히 떠안아야 한다.

독자가 된다는 것은 생각을 저자에게 맡기는 것이다. 신의 이야기에 영혼이라도 팔겠다는 심정으로 독서에 임해야 한다. 수영을 배우려면 물에 뛰어들어야 한다. 니체의 철학은 생철학이라 불리면서 동시에 허무주의라 불린다. 생명을 존중하는 철학이면서 동시에 허무를 가르치는 철학이다. 니체는 어떤 상황에서도 삶은 변호되어야 하는 동시에 감당해야 할 대상이라고 주장한다. 허무주의는 결국 '삶을 사랑하라'라는 궁극적인 이념을 전달하는 데 주력을 할 뿐이다. 아모르 파티, 즉 '운명을 사랑하라'라는 말도 이와 관련한 생철학적 문구이다.

니체의 독자가 되고자 할 때, 가장 주의해야 할 점은 선입견과 편견부터 버려야 한다는 것이다. 선입견과 편견은 생각하는 존재에게 운명처럼 따라다니는 실수에 해당한다. 그 실수는 끊임없이 극복되어야 하는 대상이 된다. 니체의 글을 읽어내려면 지금까지 알고 있다고 믿어 왔고 확신했던 모든 것으로부터 자유로워져야 한다. 이것이 '허무를 감당한다'라는 말의 의미이다. 그러면서 자유 정신의 이념을 배워야 한다. 정신이 자유롭다는 것의 의미를 알아야 한다. 구속도 좋지만, 자유가 더 좋다는 그 인식이 올 때까지 니체의 언어로 정진해야 한다.

한 사람을 알고 싶으면 그 사람을 있는 그대로 봐주는 아량이 요구된다. 마음의 문이 열릴 때 여린 미풍에도 깊은 상처를 입겠지만, 그런 고통을 통해서 소중한 인연이 생긴다. 인연이 생기면 사랑의 기적도 맛볼 수 있다. 사랑은 사람이 바라는 최고의 경지다. 신의 이름조차 사랑이라 했다. ("하나님은 사랑이심이라."(요한일서 4:8)) 신을 위해서라면 사랑 외에 다른 이름이 있을 수 없다. 신의 이름으로 딱 적격인 것이 바로 사랑이라는 개념이다.

"사랑은 오래 참고 사랑은 온유하며 시기하지 아니하며 사랑은 자랑하지 아니하며 교만하지 아니하며 무례히 행하지 아니하며 자기의 유익을 구하지 아니하며 성내지 아니하며 악한 것을 생각하지 아니하며 불의를 기뻐하지 아니하며 진리와 함께 기뻐하고 모든 것을 참으며 모든 것을 믿으며 모든 것을 바라며 모든 것을 견디느니라."(고린도전서 13:4-7) 신을 설명하는데 이것보다 더 멋진 설명은 없다. 신은 곧 사랑이기 때문이다. 사랑을 알면 신도 자연스럽게 알게 된다. 힌두교의 개념으로 말하면 무아지경이다. '나'이면서 '내'가 아닌 그런 경지다.

하나님을 알고 싶으면 성경책을 읽으면 된다. 그것만이 진리의 말씀이다. 마찬가지로 니체의 차라투스트라가 한 말을 듣고 싶으면 그가 남겨 놓은 글들에 집중해야 한다. 그것만이 진정한 의미를 지닌다. 그 외의 모든 설명은 이차적인 해석에 지나지 않는다. 하지만 모든 부차적인 설명이 매력적일 때가 더 많다는 것이 문제다. 복잡하고 어려운 말보다 간단하고 쉬운 말이 더 매력적이기 때문이다. 세상 사람들은 한결같이 쉽게 설명해 주기를 또 눈높이를 맞춰 주기를 기대한다.

그런데 니체는 자신의 글을 읽어 줄 그 이름 모를 이들을 위해 글을 써놓은 것이 아니다. 《차라투스트라는 이렇게 말했다》의 부제목으로 니체는 '모두를 위한 동시에 아무도 위하지 않는 한 권의 책'이라고 정했다. '모두'는 다수와 다양을, '아무도'는 단수와 단일을 대변한다. 다양성을 지향하지만, 단일성을 지양한다는 얘기다. 책으로서 《차라투스트라》는 분명 인류를 위한 최고의 선물이다. 하지만 동시에 인연이 될 사람들만을 위한 책이기도 하다. "나의 글들 속에는 나의 차라투스트라가 있을 뿐이다. 나는 그와 함께 인류에게 지금까지 주어질 수 있었던 것 중에서 가장 위대한 선물을 주었다."

2.

차라투스트라의
동굴로 돌아가라

"나는 너희들에게 초인을 가르치노라. 인간이란 극복되어야 할 그 무엇이다. 너희들은 인간을 극복하기 위해 무엇을 했는가?" 초인으로 번역한 독일어는 '위버멘쉬^{Übermensch}'이다. '위버'는 '위에', '위로', '너머', '넘어서는', '넘어선' 등으로 번역될 수 있고, '멘쉬'는 '사람' 내지 '인간'으로 번역될 수 있는 말이다. 합쳐 말하면 '넘어서는', '넘어서고 있는' 혹은 '이미 넘어선 사람' 등이 된다. 넘어서기 위해 끊임없이 넘어설 대상을 찾는 사람이기도 하다. 넘고 또 넘기 위해 항상 길 위에 머물 줄도 아는 사람이다. 도를 닦는다는 의미로 도인이라고 말할까.

그런데 넘어서는 대상을 밖에서 찾는 것이 아니다. 초인은 '자기 안으로의 자기극복'을 선언한다. 차라투스트라는 '선과 악의 투쟁 속에서 돌고 있는 바퀴'를 인식한 사람이다. 그것은 태극 속의 음과 양처럼 돌고 있는 형국이다. 선과 악은 뚜렷하게 구별되지만 서로 섞이지 않는다. 둘은 따로 존재할 수도 없다. 둘이 함께 있으면서 태극을 형성한다. 이를 두고 영원회귀의 이념을 말할 때도 있다. 그것을 위한 상징으로 오우로보로스라는 뱀을 언급하기도 한다. "과거는 모든 미래의 꼬리를 문다." 이 뱀은 자기 자신을 희생시키며, 자기 자신의 삶을 유지시키고, 자기 자신이 새롭게 거듭난다. 이는 마치 자기 자신을 불태워 없앰으로써 하늘을 나는 새로 거듭나는 피닉스와 같다. 그렇게 거듭나야 불사조가 된다. 불멸은 자기희생 없이는 불가능하다.

한계가 있다면 그 앞에 무릎을 꿇는 것이 아니라, 그 한계를 넘어설 때 초인이 되는 것이다. 사람은 구태로서의 사람이기를 포기하고 새로운 사람으로 거듭남을 원할 줄 알아야 한다. 그런 의지라면 불을 태워야 한다. 초인이 되기 위해서 자기 자신을 태우는 불꽃이 되게 해야 한다. 그런 존재가 되는 길을 가르쳐 주고자 하는 것이 차라투스트라의 의도인 것이다. 자기 자신의 살과 피를 희생제물로 삼을 줄 아는 지혜는 고귀한 것이다. 인치피트 트라고에디아! 비극이 시작되다! 이 말이《차라투스트라》의 첫 장을 형성하는 이념인 것이다.

작품《차라투스트라》는 비극이다. 따라서 주인공 차라투스트라는 비극의 주인공이다. 우선 삶을 이야기하는 곳에 비극의 형식이 사리 잡고 있다. 운명이란 나무에 맺혀진 열매가 잘 익어 자신의 무게를 감당하지 못하고 대지 위로 떨어진다. 빛이 없는 곳에 빛을 주러 가는 태양처럼 어둠 속으로 몰락을 자처한다. 폭포수의 물방울처럼 추락의 고통 속에서도 무지개를 발한다. 이처럼 추락의 행위는 비극의 형식 속에서 새로운 의미의 옷을 입는다.

비극의 시작은 사람 사는 이야기를 신화로 만들어 주는 과정의 시작이다. 신화, 즉 신들의 이야기를 하면서 철학자는 신의 존재에 동참한다. 니체는 신들이 주인공인 비극의 형식을 통해 인간의 삶을 정당화한다. 사람들이 겪는 고통을 인식의 도구로 삼는다. 삶은 인식의 수단이다. 고통은 삶을 낚는 낚싯바늘이다. 고통과 직면하는 신들의 형상과 함께 실존은 그 자체로 추구할 만한 가치가 있는 것으로 밝게 빛을 발한다. 허무주의 철학은 비극의 형이상학이다.

초인은 극복하는 인간이다. 하지만 극복하려면 극복해

야 할 대상부터 알아봐야 한다. 극복에의 심리를 살펴보면 우선 '싫다'라는 마음부터 먹어야 가능한 것이 극복임을 알 수 있다. 싫은 감정이 없으면 극복할 이유를 찾지 못할 것이기 때문이다. '아무 문제 없는데 무엇을 극복하라는 것인가? 왜 자꾸 귀찮게 그래!' 하며 오히려 불평을 쏟아 놓는 자는 신을 만날 수 없다. 그런 마음을 품은 자에게 차라투스트라의 가르침은 힘을 발휘하지 못한다. 끝까지 가 본 자에게 차라투스트라는 도움의 손길을 내밀어 준다. 절벽에 선 자만이 차라투스트라가 내미는 손을 잡을 수 있다. 폭포 속의 물방울처럼 일촌광음의 추락을 맛본 자만이 초인의 이념을 확인할 수 있다. 그때 허무주의 철학이 들려주는 소리는 절실하게 들려올 것이다. 그때 "너는 어서 속히 내게로 오라"(디모데후서 4:9)라고 말하는 성경 말씀을 들을 수도 있으리라.

《차라투스트라는 이렇게 말했다》 속에는 오로지 차라투스트라의 말들로 채워져 있다. 수많은 인물들이 등장하고 물러나지만, 모든 것은 동굴 속의 목소리처럼 자기 자신과 대화에 임한다. 자기가 때로는 늙은이로 때로는 어린아이로 변신을 거듭하며 대화에 임한다. 그리고 길에서 만난 그 인물들에게 늘 가르쳐 준다. '차라투스트라의 동굴로 돌아가라!'라고. 자기 자

신에게로 돌아가라고. 자기 자신에게로 돌아가 스스로 삶의 주
인이되라는 가르침을 주면서 말이다. 차라투스트라는 자기 자
신을 유혹하는 최고의 기술자이다.

3.

신명 나게 춤을 추는
철학자

신명이 나면 즐겁다. 신명 나게 놀 수 있기 때문이다. '신명'은 '나는 것'이다. 안에서 밖으로 드러나는 것이다. 신명은 안에서 형성된다. 안에서 밝게 빛을 발해야 밖으로 드러나게 되는 것이다. 삶은 인식의 도구다. 깨닫고 싶으면 삶을 낚싯바늘로 이용할 줄 알아야 한다. 삶을 제대로 살아야 깨달을 수 있다는 얘기다. 사람은 삶에서 의미를 찾는다. 그리고 삶은 사람을 통해서만 구현된다.

니체의 철학은 생철학이고, 생철학은 삶의 현장을 근거로 철학적 고민을 펼치는 숙제를 안고 있다. 이런 고민의 방향은 중세의 고민과는 정반대의 현상을 보인다. 소위 중세인들은 하늘의 뜻에 집중했다. 보이지 않는 하늘을 보이는 하늘보다 더 높이 두려고 애를 썼다. 형이상학적 세계를 완성해 보려고 천 년이라는 세월을 보냈던 것이다. 하지만 니체는 그런 고민에 정 반대의 목소리로 전혀 다른 고민을 선보인다.

차라투스드라의 대사로 만들어 놓은 것은 모두 니체의 가르침이다. 그의 첫 강의는 줄타기 광대의 곡예를 보려고 광장에 모인 군중을 대상으로 이루어진다. 책의 순서로 보면 〈차라투스트라의 머리말〉 3번이고, 그곳에 세상에서 가장 유명한 초인에 대한 설명이 나온다. "초인은 대지의 뜻이다. 그대들의 의지가 초인은 대지의 뜻이라고 말하게 하라!"

대지에 대한 이념은 괴테에서부터 이미 시작되었다. 이 낱말은 에르데를 번역한 것이고, 어원은 신이 흙으로 만들었다는 첫 번째 인간 아담과 같다. 에르데와 아담은 같은 뿌리를 갖고 있다는 얘기다. 이 모든 이야기는 생철학을 이해하기 위한 초석으로 작용될 수 있어야 한다. 그래야 결국 인간의 본질은 흙이라는 논리가 서게 되기 때문이다. 사람은 흙에서 왔고 흙으로 돌아간다.

게다가 모든 동물에 DNA가 있듯이 인간에게도 DNA가 있다. 사자, 호랑이, 기린 등 그 DNA에 따라 존재의 형상은 뚜

렷하게 구별된다. 하지만 인간은 DNA 외에도 다른 그 무엇이 존재를 규정한다. 인간에게는 이성이라는 것이 주어져 있고, 그 이성은 의지와 결합하면서 천차만별의 현상으로 다양해지고 만다. 그 다양함 속에서 의미를 갖는 것은 바로 뜻이다. 즉 흙에도 뜻이 있다는 얘기가 되는 것이다.

신명 나는 신은 디오니소스다. 디오니소스라는 신은 축제의 이념을 대변한다. 디오니소스 축제는 고대의 비극 공연과 연결된다. 비극을 통해서 신명 나는 축제를 벌였다는 그 수수께끼 같은 현상을 이해해야 한다. 니체는 차라투스트라이고, 차라투스트라는 초인이며, 초인은 디오니소스이다. 니체는 17년간의 집필 인생을 마감하는 자리에서 《디오니소스 송가》(1889)를 집필한다. 여기서 니체는 디오니소스가 되어 자기 자신의 이야기를 펼쳐 놓는다. 신화가 따로 없다. 신들의 이야기에 동참하는 철학이 되는 셈이다.

'나'는 '너'와 함께 할 때 사랑의 축제가 벌어진다. 유일한 '내'가 유일한 '너'와 하나가 될 때 삶이 도달할 수 있는 최고의 경지에 도달하게 되는 것이다. 디오니소스는 술의 신이다. 술의 힘은 망아의 길을 가르쳐 준다. 또한 무아지경에 이르면서도 전혀 불안해하지 않는 지혜를 전해 준다. 자기 자신을 망각하면서도 두려워하지 않는 힘을 전수해 주고자 한다. ("안심하라 내니 두려워하지 말라."(마가복음 6:50)) 신을 만날 때는 두려움을 느낄 수밖에 없다. 그래서 성경에서도 똑같은 이 말을 수없이 반복하고 있는 것이다.

무無를 기나리다가 결국 무를 만난 자가 차라투스트라이다. 무를 인식하면 온갖 것이 축제의 장을 연출해 준다. 모든 것에서 갑자기 너무도 많은 것을 동시에 인식해 내는 그 전율을 경험하게 되는 것이다. 물아일체의 경지가 따로 없다. 아트만이 브라만과 결합하는 순간이 이런 경지이며, 신과 하나가 된다는 말도 이런 경우를 두고 한 말이리라. 그러니 자기 자신이 사막이라면 낙타의 정신으로 다가서면 되고, 자기 자신이 미궁이라면 자기 자신이라는 괴물을 때려잡는다는 마음으로 들어서면 될 일이다. 초인은 자기 자신을 짓밟으며 더 높은 곳으로 오르려 할 뿐이다.

《차라투스트라》에서 차라투스트라에게 선사된 마지막 구절은 감동적이다.

나의 아침이다. 나의 낮의 시작이다. 솟아 올라라, 솟아 올라라. 너, 위대한 정오여!

신이 한 말이다. 새로운 도전이다. 신도 도전할 것이 있
다는 말이다. 신은 자신이 맞이하는 하루를 전쟁터로 간주한
다. 몰락했던 태양이 솟아 오른다. 그 태양을 회피할 마음은 전
혀 없다. 몰락했던 자기 자신을 떠오르는 태양으로 맞이하는 차
라투스트라의 정신은 새로운 일전을 준비한다. 오로지 자기 자
신만이 할 수 있는 일이다. 돌아설 수도 없다. 원하지 않을 수도
없다. 이것이 운명이다.

4.

신만 찾아
신에게만 도전하고
신만 죽이는 니므롯

성경 인물 중에 바벨탑을 지은 영웅의 이름은 니므롯이다. 성경은 그를 이렇게 소개한다. "그는 세상에 첫 용사라."(창세기 10:8) 신에게 맞선 최초의 용사라는 얘기다. "그가 여호와 앞에서 용감한 사냥꾼이 되었으므로 속담에 이르기를 아무는 여호와 앞에 니므롯 같이 용감한 사냥꾼이로다 하더라."(창세기 10:9) 특히 '여호와 앞에'로 번역된 히브리어는 '리프네Liphné'라고 하는데, 그 뜻을 직역하면 '대항하여' 혹은 '저항하여'가 된다. 즉 그는 신에게 맞서 대항할 줄 아는 최초의 사냥꾼이었던 것이다.

니므롯은 신 앞에서도 전혀 주눅 들지 않고 신을 먹잇감으로 간주하며 치열하게 추적하는 용감한 사냥꾼이라는 얘기다. 그는 신만 쫓는다. 그래서 신이 아니면 상대할 마음도 없다. 또한 신이라면 싸워 볼 만한 경쟁의식을 고취한다. 이처럼 신의 존재는 그가 사는 이유가 된다. 그런 그가 세운 탑이 바벨탑이다. 신은 천국에 있다고 하니 그 하늘에 도전장을 내민 상징적 건물이다. 바벨탑은 신에게 정면으로 도전한 유일한 증거가 된다. 차라투스트라이면서 동시에 디오니소스가 된 니체는 이제 니므롯이 되어 노래를 한다.

> 오, 차라투스트라여
> 가장 잔인한 니므롯이여!
> 신도 사냥했던 최초의 사냥꾼이여
> 모든 미덕을 포획했던 그 그물이여
> 악을 맞혔던 그 화살이여!
> 이제는
> 그대 자신에 의해 사냥되고
> 그대 자신의 먹잇감이 되며
> 그대 안으로 스스로 뚫고 들어가는구나
>
> 이제는

그대와 더불어 고독하고

자기 자신의 앎 속에서는 둘이 되어

수백 개의 거울들 사이에서

그대 자신 앞에서는 거짓이며

수백 개의 기억들 사이에서

확신하지 못한 채

모든 상처에 지쳐 있고

모든 서리에 차가워지며

자기의 밧줄로 목을 맨다

자기 자신을 아는 자여!

자기 목을 매는 자여!

니므롯의 화살은 인정사정 봐주지 않는다. 신이라면 그 심장을 기어코 뚫어 내고야 만다. 그 집념은 신 앞에서만 고집처럼 작용할 뿐이다. 차라투스트라는 니므롯이다. 신을 만나면 자석처럼 끌린다. 한때 신이라 불렸던 그 존재를 악으로 간주하고 그 심장을 향해 화살을 쏜다. 하지만 그 화살은 자기 자신의 심장만 뚫고 있을 뿐이다. 신이 자기 자신이었고, 그 신을 죽이는 것도 자기 자신일 뿐이다. 그토록 오해를 많이 받았던 '신은 죽었다'도 자기 자신의 죽음을 목격한 자의 증언에 지나지 않을 뿐이다. 신을 자기 밖의 존재로 간주하고 그 '있음'을 믿음으로 다가서는 기독교인들의 사고방식으로는 도저히 다가갈 수 없는 복음이다.

5.

대립의 정신과
포용적 이분법

　　차라투스트라는 선과 악의 이념을 공유한다. 정의의 여신이 들고 있다는 그 저울에서도 균형을 잡아야 한다. 어느 한쪽이 더 무거우면 안 된다. 그 균형만이 정의를 의미한다. 선과 악은 공존한다. 아니 공존할 수밖에 없다. 때로는 선이 또 때로는 악이 존재를 과시할 뿐이다. 균형은 절제의 의미와 연결되면서 고대부터 이상으로 자리 잡고 있는 긍정적 이념이 된다. 《이 사람을 보라》의 마지막 구절은 그래서 시사하는 바가 크다.

　　— 나를 이해했는가? — 디오니소스 대 십자가에 못
　박힌 자….

수많은 오해와 해석의 실수는 '대립'을 이해하는 데서 발생한다. 배타적 이분법으로 다가설 때 니체의 이념은 오해를 피할 수 없다. 이것은 좋고 저것은 나쁘다는 식으로 이해하려 할 때 이해는 물 건너가게 된다. 디오니소스는 니체가 맞다. 십자가에 못 박힌 자는 예수다. 그렇지만 예수는 니체가 아니다. 여기서부터 오해가 싹튼다. 이런 말을 하려고 니체가 그토록 치열하게 집필에 매달렸던 것이 아니다. 그런 틀에 박힌 소리를 하려고 했었더라면 그의 철학 전체가 우스꽝스러운 희극이 되고 말았을 것이다.

니체를 이해했는가? 디오니소스 대 십자가에 못 박힌 자를? 디오니소스는 아폴론과 대립을 이룬다. 아폴론은 빛의 신이고, 디오니소스는 어둠의 신이다. 아폴론은 개별화의 원리인 동시에 기억의 이념이고, 디오니소스는 자기 파괴의 원리인 동시에 망각의 이념이다. 십자가에 못 박힌 예수는 끊임없이 자기 자신을 빛으로 설명했다. 창세기에서부터 빛은 신의 창조의 원리 속에 있었다. "빛이 하나님이 보시기에 좋았더라."(창세기 1:4) '발데 보나'를 이렇게 번역해 놓은 것이다. 보기 좋은 것이 있다면, 그것은 빛에 의해 밝혀진 것이다.

어둠과 빛은 균형을 이룬다. 밤은 낮과 어울린다. '나'는

'너'와 만날 때 사랑이 싹튼다. 전혀 다른 개체가 합일을 이룰 때 신비로운 결합이 일어난다. 우니오 뮈스티카, 이것은 기독교의 전유물이 아니다. 물아일체, 이것은 힌두교의 전유물이 아니다. 발데 보나, 이것은 신의 전유물이 아니다. 모든 이상은 나름대로 의미와 가치를 지니고 있을 뿐이다. 깨닫기 전의 자아도 자기 자신이고, 깨달은 후의 자아도 자기 자신이다. 하지만 깨닫고 나면 그 이전의 자아는 대상으로 비친다. 깨달은 이후의 자아는 현실감을 제공하며 새로운 한계를 바라보게 한다. 생각은 멈출 수가 없다. 늘 이전과 이후를 인식하며 새로운 시간 속에 머물게 한다.

　　지금과 여기는 이상에 해당한다. 이성은 지금과 여기를 인식하기보다 그때와 저기에 집착하게 한다. 태초에는 무슨 일이 있었을까? 종말에는 무슨 일이 벌어질까? 저세상에 가면 어떻게 되는 것일까? 지옥에 떨어질까? 천국에 갈까? 신을 만나면 얼마나 좋을까? 악마를 만나면 얼마나 당황스러울까? 생각하는 존재는 수많은 생각을 해 대며 그 생각에 얽매인다. 그래서 선을 그어 놓고 그 안에서 놀라고 윽박지른다. 그러고는 선을 넘지 말라고 매섭게 강요한다. 하지만 선을 이성은 넘으며 새로운 놀이를 창출해 낸다. 결국 일탈을 즐기면서 일상을 대한다.

삶이 있는 곳에 대한 명칭은 많다. 생로병사, 사바세계, 고해, 이런 개념들이 우리에게 익숙해져 있다. 그런데 그런 개념이 인식의 대상이 된다. 깨달은 자는 이런 개념들에 대해 이해를 얻은 것이다. 싯다르타가 29살에 출가하며 품었던 문제도 생로병사였다. 깨달았을 때는 생로병사에 대한 답을 얻었을 뿐이다. "누구든지 나를 따라오려거든 자기를 부인하고 자기 십자가를 지고 나를 따를 것이니라."(마태복음 16:24) 부인된 자기 자신이 짊어지고 있는 십자가는 자기 자신의 운명이다. 자기는 잊히고 운명만 남아 있다. 힌두교의 이념으로 말하면 인식만 남은 상태이다. 또한 불교의 개념으로 말하면 욕망의 불이 온전히 꺼진 해탈의 순간이다.

하나님은 빛이라 했다. 구원받은 상태, 즉 빛과 함께 빛 속에 있으면 무엇이 보일까? 빛 자체에 들어가면 그저 환희와 영광밖에 없다. 거기에는 어둠이 없다. 어둠이 들어설 자리가 없다. 태양의 고독은 바로 이런 곳에서 발생한다. 허무주의 철학은 이런 고독을 감당하게 한다. 태양처럼 몰락하라고 끊임없이 역설한다. 겁먹지 말고 폭포수처럼 추락하라고 가르친다. 그때 세상이 밝아진다고, 그때 무지개가 뜬다고.

VII.

헤세의 《데미안》과
알을 깨고 나오는 새

1.

책상 위에는
니체가 몇 권 놓여 있다

니체에게서 영향을 받은 사상가들과 작가들은 셀 수 없을 정도로 많다. 그 중에 발전소설 작가로 유명한 헤세는 단연 독보적이다. 발전소설이라는 장르가 말해 주듯이, 소설 속 주인공은 극복의 과정을 밟아 성장의 길을 걸어가는 인물로 묘사된다. 그중 헤세의 대표작 《데미안》(1919)에는, 니체의 사상이 헤세로 이어졌다는 것의 증거로 간주될 수 있는 중요한 대목이 등장한다. 그 대목은 다음과 같다.

그러나 나는 자유로웠다. 나 자신을 위해 온 하루를 쓸 수 있었다. 교외의 오래된 낡은 집에서 조용하고 아름답게 지냈고, 내 책상 위에는 니체가 몇 권 놓여 있었다. 니체와 함께 살았다. 그의 영혼의 고독을 느꼈다. 그를 그침없이 몰아간 운명의 냄새를 맡았다. 그와 함께 괴로워했다. 그토록 가차없이 자신의 길을 갔던 사람이 존재했다는 것이 행복했다.

니체를 읽었던 헤세는 악마로 번역될 수 있는 제목인《데미안》이란 책을 썼다. 그는 이 책을 1919년에 세상에 내놓았다. 제1차 세계대전 중 독일 포로 구호기구에 복무한 바 있는 저자는 자신의 경험을 이 책 속에 담아냈다. 전쟁에 대한 직간접적인 경험들을 소설의 형식으로 형상화해 낸 것이다. 하지만 패전국의 치욕을 감안해서였는지 저자명을 예명으로 처리한다. 싱클레어가《데미안》의 저자였다. 헤세는 이 이름 뒤에 숨어 있었다. 금서라고 생각해서였을까? 예민한 사안을 건드리고 있다고 판단해서였을까? 대답을 들려 줄 헤세는 이미 이 세상을 떠나고 말았다. 우리는 그의 글을 우리에게 남겨 놓은 유언처럼 읽어 내야 하는 숙제를 떠안고 있을 뿐이다.

헤세는 혼란 속에서 길을 찾게 해 준 것이 니체였다고 말한 듯하다. 니체가 말하는 운명의 메시지에 큰 감동을 한 것이다. 전쟁 후, 패전의 아픔을 감당해야 하는 순간, 조국 독일을 향해 지식인으로서 쓴소리해야 하는 저자의 마음은 무겁기만 하다. 아무리 문학이라는 비유의 형식을 빌리고 있다지만, 그 안에 담겨 있는 내용은 상처를 건드리기에 충분하다고 판단했던 것이다.

1872년 니체가 자신의 처녀작 《비극의 탄생》을 내놓을 때는 보불전쟁에서 독일이 승리를 거둔 직후였다. 승리감에 도취하여 있는 조국을 향해 철학자는 쓴소리를 거듭했다. '까불지 말라!'는 메시지를 거침없이 쏟아 낸 것이다. 같은 맥락에서 헤세도 쓴소리를 해 댄다. 시간은 달라졌지만, 상황은 비슷하다. 달라진 것이 있다면, 이번에는 전쟁에서 패배한 직후라는 것뿐이다. 패배의 원인을 찾아내고, 전쟁을 주도한 것에 대한 반성도 요구한다. 하지만 병석에 누워 있는 자에게 충고와 조언을 한다는 것은 정말 쉬운 일이 아니다.

아무리 좋은 소리도 형식을 갖추어야 한다. 헤세는 사람은 변해야 한다는 생철학적 대전제를 받아들였다. 변해야 살아남는다. 변하는 것이 삶이다. 삶에는 멈춤이 없다. 이것을 문학적 비유로 어떻게 설명할 것인가? 그것이 문학가 헤세의 문제의식이었다. 하지만 그는 정치가나 철학자처럼 그림을 크게 그리려 하지 않는다. 그는 작은 것에 몰두한다. 개인의 문제에서 큰 그림을 보게 하는 기술자이다. 그것이 문학이 지닌 매력이다. 돌을 얘기하면서도 인생과 운명으로 읽어 낼 수 있게 해 준다.

모든 인간은 '사람이 되라고 기원하며 자연이 던진 돌'이다. 돌은 사람이 되어야 한다. 그리고 사물은 의미를 지닌 존재로 거듭나야 한다. 돌과 같은 삶에서 가치를 찾아내야 한다. 모든 삶은 '자기 자신에게로 이르는 길'이다. 그 길을 아는 것도 문제고 그 길에 머무는 것도 문제다. 그러나 대부분 사람들은 길을 보고서도 그 길을 알아보지 못한다. 길을 잃고 방황하는 정신은 모두 이런 지경에 처해 있는 것이다. 또 누구나 쉬운 길을 선호한다. 들어가기 힘든 좁은 문 같은 것은 죽어도 싫다. 그것이 사람 마음이다.

하지만 헤세는 니체에게서 극복의 이념을 발견했다. 초인의 이념을 읽어 낸 것이다. 자기 자신을 믿고 일어서며 자기 자신을 계단 삼아 올라가야 하는 그 정신을 발견한다. 정신은 차려야 하고, 스스로를 밖으로 드러내야 한다. 또한 정신은 정신력으로 스스로를 어둠을 뚫고 발현해 낼 힘을 지녀야 한다. 지하에서 일하는 트로포니오스처럼 지치지 않고 굴을 뚫어 내야 한다. 대지를 향한 열정과 동경을 멈추거나 포기해서는 절대로 안 된다.

　정신이 들 때, 정신은 스스로 자신의 모습을 드러낸다. 그때 자기 자신은 신명 나는 존재가 되는 것이다. 이런 말이 이해될 즈음, 헤세가 모토로 선택한 문장이 읽히게 될 것이다.

　내 속에서 솟아 나오려는 것, 바로 그것을 나는 살아
　보려고 했다. 왜 그것이 그토록 어려웠을까.

　지나고 나면 상처도 꽃이 된다. 마찬가지로 극복하고 나면 흉터도 무늬가 된다. 금욕 고행이 나이테를 만들고, 그것이 아름다운 무늬를 형성해 낸다. 어렵다는 것을 알아야 고행을 실천할 수 있는 기회가 주어진다. 그래서 함부로 어렵다는 말을 해서는 안 된다. 그때는 고행을 결행해야 할 때이기 때문이다. 준비되지 않은 자에게 주어진 어려움은 삶 자체를 위기에 빠뜨릴 수 있다.

　'살아보려'고 애쓴 노력만이 승리감을 허락한다. 어렵다는 것을 알면서도 도전한 그 용기를 인정해 주기 때문이다. 오로지 자신의 '속에서 솟아 나오려는 것'을 원하고, 그것을 자신의 삶으로 산 자만이 고해라 불리는 눈물로 이루어진 바다 앞에서도 흐뭇한 미소를 지을 수 있게 된다. 초인의 삶은 들려줄 것이 너무도 많다. 그래서 니체의 차라투스트라도 그렇게 말을 했던 것이다. 끝도 없이. 그도 성경 속의 신처럼 오로지 말씀의 형식으로만 존재를 주장하고 있을 뿐이다.

2.

카인과 아벨의
이야기

사람들은 왜 싸울까? 인류의 역사는 전쟁의 역사다. 동시에 도전과 응전의 역사다. 모든 변화의 지점에는 전쟁이 있었다. 아무리 부정해도 싸움은 그 길목을 지키고 있다. 평화를 부르짖어도 결국에는 전쟁이라는 터널을 지나야 한다. 싸울 땐 목숨을 걸어야 한다. 지면 끝장나는 것이다. 피할 수 없다면 싸워야 한다. 그것이 운명이다. 하지만 가급적이면 평화를 지향해야 한다. 그것은 노력으로 해야 하는 대상이다. 헤세는 끊임없이 반전反戰소설을 집필했다. 그리고 전쟁의 무의미성을 지속적으로 가르쳤다.

사람이 싸우지 않는 사람으로 거듭나려면 어떻게 해야

할까? 어떻게 해야 싸웠던 사람들이 악수하며 화해를 하게 될까? 어떻게 해야 평화가 유지될까? 이런 질문이 성숙해지면 헤세의 글들은 도움의 손길을 뻗어 온다. 그는 《데미안》의 두 번째 장에서 '카인'을 언급한다. 카인은 악의 대명사다. 친동생을 죽인 패륜아다. 그런 그를 장의 제목으로 선택했다. 아니, 이보다 더한 것이 책 자체의 제목이다. '데미안'은 정령도 되지만 악마도 된다. 책의 제목으로 '악마'를 선택한 것이다. 말하자면, 자기가 낳은 자식의 이름으로 '악마'라고 부르고 있는 것이나 다름이 없다.

사람들은 천사를 선호한다. 악마보다는 천사가 더 낫다고 판단하기 때문이다. 천사를 말하면서 가지게 되는 양심의 힘은 대단하다. '사랑의 하나님'을 기도의 첫 마디로 선택할 때 얻게 되는 힘은 상상을 초월한다. 생각은 자유의 날개를 타고 끝도 없이 비상을 거듭한다. 그리고 좋은 생각의 끝에 가면 신을 만나게 된다. 그런데 그 자유가 다른 방향도 잊지 않는다. 나쁜 생각을 끝도 없이 해 댈 수도 있는 것이다. 아무리 잊고 싶어도, 아무리 하고 싶지 않아도 발목을 기어코 잡고 늪 속으로 끌고 들어가는 생각이 있다.

나쁜 생각의 힘도 상상을 초월한다. 아무것도 아닌 사물에게서 귀신을 보기도 한다. 달이 뜨지 않는 그믐날이면 온갖 흉흉한 이야기들이 난무한다. 늑대가 사람이 된다는 둥 흡혈귀가 잠에서 깨어난다는 둥 다양한 이야기들이 사람을 주눅 들게 한다. 눈을 가진 존재는 보이는 것을 본능적으로 좋아한다. 성경에도 '발데 보나'라는 말을 신의 소리로 간주했다. '보기 좋았더라!' 보기 좋은 것이 신의 작품이었다. 좋은 것을 보는 것이 신의 시각이다. 하지만 그 시각에서도 벗어날 수 없는 것이 또한 있다는 것이 문제가 된다. 보기 싫은 것도 보인다는 것이 문제라는 얘기다.

카인이 살인을 한 이유가 문제다. 카인도 사람이었다. 그저 평범한 농부였다. 그런데 하나님은 아벨의 제사만 옳았다고 인정하고 카인의 제사를 틀렸다고 판단했다. 유일신의 판단은 일방적이다. 하나는 인정하고, 다른 하나는 거부한다. 선택하며 내친다. 누구는 되고, 누구는 안 된다. 이런 배타적인 편 가르기가 문제다.

하나의 사물을 놓고서도 전혀 다르게 바라볼 수 있다. 그런데 그런 다름을 인정하지 않는다. 사람이 태어나고 말을 할 수 있을 시점이 되면, 누구나 자신의 의견을 가질 수밖에 없다. 현상의 원리, 즉 시간과 공간의 차이에 따라 상황은 시시때때로 바뀔 수밖에 없다. 그런데 그런 다양성을 거부한다. 현상을 거부한다. 눈에 보이는 것을 거부한다. 감각적인 것을 거부한다. 결국 감정을 거부하는 꼴이 되고 만다. 감정은 나쁘다는 인식을 갖게 되는 것이다. 감정과 같은 계열의 개념들 전부가 이런 처지에 놓이고 마는 것이다. 충동, 정욕 등 육체와 관련된 온갖 개념들은 입에 담기 불편한 것이 되고 만다. 소위 '성에 대한 감정'은 적敵이자 파괴자로, 금기로, 유혹과 죄악으로 인식하게 되는 것이다.

이성은 늘 정답을 요구한다. 단일을 원하는 것에 익숙해 있는 것이다. 이런 이성적 존재가 전쟁을 일삼는다. 무엇인가를 '올바른 길'이라고 규정하는 순간, 다른 모든 길은 올바르지 않은 길이 되고 만다. 이런 배타적인 이성이 싸움을 종용한다. 헤세는 바로 여기서 인류의 문제를 인식한 것이다. 하나만을 고집하는 유일신의 시각을 극복하면 평화는 유지될 수 있으리라 믿었다. 이것이야말로 헤세의 신앙이다. 이성을 넘어 더 넓은 이성을 추구하려는 것이다. 단일을 넘어 다양으로, 본질을 넘어 현상으로, 신성을 넘어 인성으로.

3.

자신의 알과
투쟁하는 새

    니체에게서 영감을 받은 헤세는 새라는 이미지를 구축한다. 초인의 이념이 새의 이념으로 구현된 것이다. 초인이 자유 정신의 발현이라면, 새는 날개를 가지고 비상할 수 있는 존재로 형상화된다. 초인과 새는 이름만 다를 뿐, 그것이 지향하는 바는 동일하다. 새는 니체의 방랑자의 이미지를 닮았다. 새가 날개를 갖고 있다는 것에 대한 인식은 언제나 남다르다. 경계가 없어지기 때문이다. 한계를 넘어서면 다른 한계가 보인다. 그 이전의 한계와 그 이후의 한계는 전혀 다른 세계를 보여 준다. 다음 인용문은《데미안》을 읽은 독자들이 가장 많이 기억해내는 구절이다.

새는 알에서 나오려 한다. 알은 세계이다. 태어나려 하는 자는 하나의 세계를 깨뜨려야 한다. 새는 신에게로 날아간다. 신은 아브락사스이다.

알은 개인적이고 제한적이며 작기만 한 세계이다. 아무리 커도 알에 불과하다. 그리고 때로는 단단한 껍질로 때로는 약한 껍질로 안과 밖을 구분한다. 알 속에 있을 때 그 속에 있는 존재는 그것이 자기 자신이라고 판단하는 운명에 처해 있다. 알이 자기 자신일까? 그 알 속에 있는 것이 운명일까? 이렇게 태어난 것이 운명의 결과일까? 그 안에서 만족하고 행복을 찾아야 할까? 그 알이 삶의 여정에서 맞이해야 하는 마지막 순간일까? 그렇게 맞이하는 마지막이 최선을 다한 열정의 결과일까?

새는 알을 깨고 나올 때 새로운 존재로 거듭난다. 또한 날개를 펼칠 기회를 얻게 된다. 알의 상태와 알 이후의 상태는 전혀 다른 삶을 보여 주고 가르쳐 준다. 누구든 자기 자신의 삶도 이렇게 다를 수 있다는 것을 인식해 내야 한다. 자기 자신도 전혀 다른 존재가 될 수 있다는 그 가능성을 깨달아야 한다. 사람은 바뀔 수 있다. 사람은 바뀌지 않는다는 회의주의는 헤세의 것이 아니다. 그런 것은 헤세에게 영감을 준 니체의 것도 아니다. 변화에 대한 인식은 늘 희망의 원리로 연결될 뿐이다.

변화는 불안을 동반한다. 다름은 두려움을 느끼게도 한다. 현상은 그래서 불안정할 뿐이다. 하지만 그 다름으로 충만한 현상이라 해도 그것이 감당되면 오색영롱한 것으로 보일 수 있다. 눈을 현혹하는 것이 아니라 보는 눈을 기쁘게 해 주는 그런 찬란함으로 비칠 수도 있다. 보는 순간, 발데 보나라는 신의 말을 입에 담을 수도 있다. 너를 볼 수 있다는 것이 얼마나 큰 기쁨인지 알게 해 줄 것이다. '이게 바로 너로구나!' 하는 말이 힌두교의 최고의 경지를 일컫는 말임을 깨닫게 될 것이다. '타트 트밤 아지!' 이 말은 하나님 앞에서 '할렐루야'를 외쳐 대는 것과 같다.

알에 갇혀 있는 정신은 밖으로 나오려 해야 한다. 그 나오려 하는 의지가 생의 의지인 것이다. 생의지, 삶에의 의지 등 뭐라고 번역하든 상관없다. 살고자 하는 욕망은 우물 안에 머물지 않으려는 것을 의미한다. 삶은 더 넓은 곳으로 나아가려 해야 한다. 동시에 인식의 그물은 더 크게 짜이려 해야 한다. 멈추면 안 된다. 끝까지 살아 변화에 임해야 한다. 마지막 변화, 죽음이라고 불리는 그 순간까지도 도전과 모험 정신으로 임해야 한다.

태어나고 싶으면 파괴해야 한다. 그리고 창조하고 싶으면 기존의 것을 완전히 거부해야 한다. 허무주의 철학은 망치를 손에 들려 준다. 그리고 자기가 아닌 것을 깨야 한다는 숙제를 알려 준다. 망치의 철학은 가차 없다. 자기 자신을 깨는 일에서도 한 치의 망설임이 없다. 창조적인 삶을 위해서라면 잔인하기까지 하다. 자기 자신을 사막으로 내몰기도 하고, 절벽으로 밀어붙이기도 하고, 바닥도 없는 어두운 심연 속에 빠뜨리기도 하고, 고해라 불리는 망망대해로 쫓아내기도 한다. 하지만 그것은 '죽으라'는 의미가 아니라, '살라'는 의미인 것이다. 사막에서는 낙타의 정신으로 버티면 되고, 절벽에 이르면 뛰어내리면 되고, 허공 속에서는 날개를 펼치면 되고, 수평선이 보이면 항해를 시작하면 될 일이다. 삶에서 주눅 들고 위축되는 것도 자기 책임이고, 또 그런 삶에서 길을 찾아 걷는 것도 자기 책임이다.

새는 신에게로 날아간다. 헤세가 추천하는 신은 유일신이 아니라 선과 악을 공유하는 신이다. 이름은 아브락사스라고 한다. 이름이 뭐라고 불리든 상관없다. 태극이라고 불러도 되고 선과 악을 음과 양으로 해석해도 된다. 둘은 돌고 돈다. 또한 크기도 무게도 똑같아야 한다. 어느 하나가 더 무거워도 안 된다. 다만 현상만 다를 뿐이다. 하나는 어둡고 하나는 밝다. 하나는 빨갛고, 하나는 파랗다. 눈에 보이는 그 현상은 다르지만, 그것에 의미를 부여하는 것은 이성이 해야 할 일이다. 때로는 빨간색이 좋고, 또 때로는 파란색이 좋을 뿐이다. 어느 하나를 좋고 어느 하나를 나쁘다고 결정하고 규정해 놓는 것은 유일신의 실수처럼 잔인한 결과를 낳을 뿐이다.

4.

신에게로
날아가는 새

이성은 이상을 필요로 한다. 그리고 정답을 원한다. 길 위에서도 길을 묻게 하는 것이 이성이다. 또한 신의 존재를 묻는다. 이성적 존재는 죽을 때까지 이 질문으로부터 자유로울 수가 없다. 이성이 작동을 시작할 때부터 인간은 신을 묻는다. 무엇이 '신'이라는 개념인지 알고 나서부터는 끊임없이 그 질문에 매달리게 되는 것이다. '신은 존재하는가?'에서부터 시작하여 '신은 누구인가?', '신은 어떤 마음을 지니고 있을까?', '신의 뜻은 무엇일까?' 등 질문은 꼬리를 물고 이어진다. 생각은 끝을 모르고 이어지는 것이다. 하나의 전제가 형성되고 나면 그 전제를 기점으로 하여 각각 다른 방향으로 영원을 향해 달음질을 치는 것 같다. 때로는 태초로 향하고, 때로는 종말로 향하고, 때로는 천국으로 향하고, 때로는 지옥으로 향한다. 생각의 방향을 막을 방법이 없다.

가급적이면 좋은 생각을 해야 한다. 그것이 긍정적이다. 그것이 추천될 만한 생각인 것이다. 누구나 신을 알고 있듯이, 누구나 행복을 안다. 누구나 신의 뜻을 추궁하듯이, 누구나 행복의 내용을 알고 싶어 한다. 무엇이 행복일까? 이런 질문을 품고 행복론이라는 이론을 펼쳐 내기도 한다. 천국에서 행복한 삶이 이루어진다고 말하면, 지금 이 세상에서 살아가야 하는 삶은 무의미해지고 만다. 저세상에 가서야만 진정으로 행복한 삶을 맛볼 수 있기 때문이다. 이런 주장에 만족할 수는 없다. 사람은 살아야 한다.

헤세가 전하는 신의 형상은 니체가 전해 준 그것과 유사하다. 아니 동일하다. 내용이 같다는 얘기다. 다만 다른 것이 있다면 그것은 이름뿐이다. 같은 사물을 두고 니체는 차라투스트라라고 불렀고, 헤세는 아브락사스라고 부르고 있을 뿐이다. 차라투스트라는 조로아스터교의 신이고, 아브락사스는 이집트의 신이다. 둘은 모두 선과 악의 갈등과 대립을 주축으로 한다. 선과 악을 공유하고 있다는 것이 이 신들의 형상인 셈이다. 선과 악은 끊임없이 싸운다. 어쩔 수 없다. 그것이 삶의 문제인 것이고 인류의 문제인 것이다. 사람 사는 곳에 선과 악은 영원한 문제로 남게 될 것이다.

신의 문제가 영원한 것처럼, 악의 문제도 영원할 것이다. 괴테가 고백했던 자기 안에 '두 개의 영혼이 살고 있다'라는 말이나, 니체가 동경했던 '선악의 저편'이나, 다 같은 내용을 말하는 다른 표현일 뿐이다. 선악의 저편에 가면 선악이 없는 곳이 아니라, 선악이 공존하는 세상이 되는 것이다. 선과 악이 서로 배타적으로 내치는 것이 아니라, 사랑과 우정의 이념으로 서로가 서로를 감싸고 돌아가는 그런 세상이 펼쳐지는 것이다. 태극 속의 음과 양처럼, 서로는 전혀 다른 속성이지만, 서로가 서로를 필요로 해 줄 때 이상향이 펼쳐지게 되는 것이다. 서로가 선의의 경쟁에 임해 줄 때 지상천국이 실현되는 것이다.

사람 사는 곳은 현상의 원리가 지배한다. 시간이 있고, 공간이 있다. 하지만 생각하는 존재는 늘 한계를 넘어서려 한다. 시간을 초월하며 시간여행을 하고 싶고, 여기와 저기를 구별할 줄 아는 정신은 공간이동을 꿈꾸기도 한다. 물론 그런 발상 자체가 허무맹랑하기도 하지만, 과학의 발전이 이런 생각을 실현해 낼 수도 있다. 그런 가능성까지 막아 놓을 필요는 없다.

하지만 '적당한 때'에 현실로 향하는 지혜가 필요하다. 생각하는 존재에게 '꿈을 꾸지 말라'고 말하는 것은 허언에 지나지 않는다. 생각하는 존재는 꿈을 꾸면서 존재의 시작을 알리기도 한다. 그리고 그 꿈이 씨앗이 되어 인생이라는 거대한 나무를 성장시키기도 한다.

5.

삶의 과정을
문학적 비유로 선택한
발전소설의 형식

헤세의 소설들은 대부분 자기계발을 위한 것이다. 주인공이 조금씩 발전해 가는 과정을 그린다고 해서 '발전소설'이라는 장르로 분류된다. 성숙해 가는 과정, 성찰을 통해 자신의 인격을 완성해 가는 과정, 체험과 경험을 통해 의미를 획득해 가는 과정 등이 발전소설의 주된 소재가 되는 것이다. 발전이란 말로 번역되는 독일어는 '엔트빅클룽Entwicklung'이다. '엔트'는 무엇인가 단정적으로 끊어버리는 뜻이 담겨 있고, '빅클룽'은 동사 '빅켈른wickeln'에서 온 명사인데, 이것은 '얽히다'를 의미한다. 무엇인가 얽히고설킨 것을 궁극적으로 풀거나 끊어 버리는 행위를 나타내는 것이다. 문제를 풀고 나아가는 것이라고 이해해도 된다.

앞으로 나아가는 길은 쉽지 않다. '앞으로 향하는 길'은 한 걸음조차 혹독하게 투쟁해야 겨우 쟁취되는 법이다. 헤세가 니체에게 감동하였던 지점에도 길에 대한 집념이 자리 잡고 있다. '그토록 가차 없이 자신의 길을 갔던 사람'이었기에 그를 주시했다. 그리고 그의 책들을 책상 위에 올려놓고 수많은 시간을 그와 함께 괴로워했다. 니체가 직면했던 고통은 자기 자신 때문에 인식된 것이다. 사람은 다 아프다. 그 아픔을 어떻게 해결할 것인가? 그것이 생철학의 관심사였다. 그런 문제로 당하는 고통이라면 얼마든지 함께 당하고 싶었던 것이다. 그런 식으로 함께 받는 고통은 자기 자신에게로 향하는 길을 찾는 데 유익하다고 생각했던 것이다.

1919년부터 집필을 시작하여 1922년에 출판하게 되는 《싯다르타》는 서양에서는 낯선 현상이었다. 제1차 세계대전을 치른 서양문명에 예방주사 혹은 충격요법 같은 것이었다. 헤세는 서양에 동양의 이념을 소개했다. 배타적인 생각 대신 포용적인 생각의 형상을 소개한다. 이성에 얽매이지 않고 이성으로부터 자유로워지면 어떤 일들이 벌어지게 되는지를 가르쳐 준 것이다. 인생은 시간으로 채워진다. 그리고 삶은 추억으로 의미를 얻는다. 하지만 시간의 의미는 신의 뜻으로 결정되는 것이 아니다. 고생한다고 나쁜 것은 결코 아니다. 정형화된 삶에 대해 부과된 규칙에 따라, 주어진 업무와 과제는 잘 해결해 낼지는 몰라도 창조적 삶과는 거리가 멀다.

53세에 도달한 헤세가 출판하게 되는《나르치스와 골드문트》(1930)에서 그는 전혀 다른 삶을 살아가는 두 사람의 인생 여정을 그려 놓는다. 한 사람은 정적이고 내성적이지만, 다른 한 사람은 동적이고 외향적이다. 또 한 사람은 너무나 준엄하고 확고하며, 명석하고 단호한 데 반해, 다른 한 사람은 너무나 막연한 길도 마다하지 않고 목표도 없는 길을 걸으며 '정처 없이 떠돌고 꿈꾸듯 방황하는 일'에 몰두했다. 이어서 한 사람은 논리적이고, 다른 한 사람은 비약적이다. 마지막으로 한 사람은 수도원에서 원장의 자리에까지 오르며 일상에서 성공한 삶을 살아가고, 다른 한 사람은 방랑자의 생활을 통해 이런저런 경험을 다양하게 하며 나름대로 깨달음을 얻는다.

헤세는 여기서 두 사람을 누구는 좋은 사람 누구는 나쁜 사람이라는 배타적 이분법으로 묘사하지 않는다. 둘 다 자신의 삶에 최선을 다 했고, 그래서 둘 다 나름대로 의미 있는 삶을 살았다. 그래서 삶에 임하는 상대의 방식을 부러워하고 시기하기보다는 이해해 주고 응원해 주었다. 둘은 서로가 자신과 대립하는 맞수라고 생각하지 않았다. "둘이 하나가 되기 위해서 오직 사랑과 정직한 순정만 있으면 된다." 이들의 관계는 그저 서로가 서로에게 자극제가 되어 영향을 줄 뿐이다.

나르치스와 골드문트의 우정은 평생을 지속한다. 이들의 만남은 평생을 이어 갔다. 그리고 생의 마지막 순간이 임박하여 둘은 서로 자신의 삶을 되돌아본다. 지나온 길이 눈앞에 떠오른다. 길고도 긴 인생길이었다. 그만큼 생각나는 사연도 많았다는 얘기다. 비록 서로 같은 공간에서 보내는 시간은 적었을지 몰라도 서로가 서로를 생각하는 그 마음은 평생을 채워 놓기에 충분했던 것이다.

삶은 사람의 숙제다. 자기 안에서 솟아 나오려는 것을 끝까지 살아 줘야 할 책임과 의무가 있다. 물론 쉬운 일이 아니다. "왜 그것이 그토록 어려웠을까." 헤세도 잘 알고 있다. 모든 삶은 자기 자신에게로 가는 길이다. 아무리 멀리 떠나는 여행이라 해도 그 끝에서는 자기 자신을 만나게 되는 것이다. 그 끝, 그 한계라고 불리는 그곳에서 자기 자신이라는 신을 만나게 되고, 그때 신명 난 춤이 춰 지는 것이다.

VIII.

야스퍼스의 《비극론》과
초월자

1.

'이게 아닌데!'
하는 상황

　살다 보면 억울한 일도 당한다. 정의와 불의가 역전되고, 합법과 불법이, 또 진실과 거짓이 뒤바뀌기도 한다. 때로는 솔직한 것이 탈이 될 때도 있다. 가끔은 숨기고 침묵해 주는 것이 도움이 되기도 한다. 삶의 현장에서는 무엇 하나 장담할 만한 것이 없다. 상황은 시시각각으로 변하고, 모든 기회는 잡히거나 그냥 의미 없이 스쳐 지나가 버린다. 이를 철학적으로 표현하면, 현상은 시간과 공간의 원리에 의해 지배를 받고 있다는 말이 된다.

　현상은 눈에 보이는 것을 두고 하는 말이다. 눈이 부여된 몸을 가지고 태어난 존재인 우리는 모두 출생과 함께 현상 속으로 던져진다. 그런데 우리는 또 이성을 갖고 생각을 하며 살아야 하는 존재이다. 보이는 세상과 보이지 않는 세상이라는 두 개의 세계 속에서 동시에 살아야 하는 상황이 펼쳐진다. 감각으로 인식되는 세상과 이성으로 인식되는 세상이라는 이 두 개의 세계가 인간의 삶을 휘감고 돈다.

보이는 세상은 현상계, 보이지 않는 세상은 본질계라 불린다. 현상계는 오감이 전하는 정보를 통해 인식되고, 본질계는 이성이 전하는 정보로 형성된다. 이에 따라 현상은 시간과 공간의 원리에 지배를 받고, 본질은 개념과 이념의 논리에 지배를 받는다. 그러므로 현상계에서 가장 위협적으로 다가오는 것은 자연의 힘이고, 본질계에서 가장 무섭게 접근해 오는 것은 이유를 찾을 수 없는 불안과 공포다.

현상과 본질은 따로 떨어져서 작동할 수가 없다. 객관과 주관의 구분처럼 둘은 늘 함께할 때 의미 있다. 객관이 끝나는 곳에서 주관이 시작된다. 주관이 끝나는 곳에서 객관이 시작된다. 현상과 본질은 이런 식으로 끝나고 또 시작을 거듭한다. 문제는 보이는 것이 보이지 않는 것과 충돌하고 모순을 일으킬 때이다. 문제와 대답이 순조로운 과정을 통해 진행되면 상관없지만, 그것이 서로 부조화를 일으키고 소음을 발생시킬 때 불안은

고조되고 만다.

시간은 끊임없이 흘러왔고 지금도 끊임없이 흘러가고 있으며 또 앞으로도 끊임없이 흘러갈 것이다. 그것이 시간이라는 것의 현상이다. 다만 그 시간이라는 현상 속에서 지금과 여기라는 순간을 파악하기가 힘들다는 것이 문제다. 이것이 바로 이성이 직면한 문제다. 이성은 늘 과거와 미래에 얽매일 뿐이다. 숙제를 해야 한다고 생각하고, 시험을 쳐야 한다고 생각한다. 누가 자기를 해코지한 말에 얽매이고, 누가 자기를 바라봐 주기를 원한다.

이성은 늘 자기 밖을 주시하게 한다. 그리고 그 밖이 자기 자신을 힘들게 한다고 판단한다. 세상이 원망스럽다. 아무도 자기를 사랑해 주지 않는다. 늘 자기 자신은 혼자라고 느낀다. 외롭고 고독하다. 심심하다. 이게 바로 이성이 처한 문제 상황이다. 그리고 이성이 직면하고 있는 문제의식이다. 결정적으로 이성이 빠지기 쉬운 운명적인 늪이 하나 있다. 그것이 바로 자기 연민이라는 늪이다. 여기에 한 번 빠지고 나면 쉽게 빠져나올 수가 없다. 생각의 힘은 상상을 초월하기 때문이다.

'이게 아닌데!' 이 말을 한자어로 표현하면 비극이 된다. 아닐 비非 자 밑에 마음 심心 자를 둔 것이 비극이라 말할 때 사용하는 슬플 비^悲 자의 형태다. '이것이 아니라'는 인식이 들지만, 그것을 막을 길이 없을 때 비극이 펼쳐진다. 어쩔 도리가 없다! 알고도 그냥 당해야 한다! 사실은 '이것'이 아닌데 '저것'을 사실로 인정해야만 하는 그런 상황이 비극적 상황이다. 조국을 사랑하지만, 조국을 떠나야 한다. 애국심이 있지만, 마음을 바꿔야 한다. 살고 싶어서 떠나고, 죽고 싶지 않아서 마음을 바꿔야 하는 상황이다.

야스퍼스는 '이게 아닌데!' 하는 인식과 함께 철학의 길을 걷는다. 그의 책 《비극론》(1952)은 실존을 위한 근거로 가득 채워져 있다. 살고 싶으면 무엇을 알아 두어야 하는지에 대한 지혜로 충만해 있다는 의미다. 그의 철학은 초월자의 이념에서 위로를 찾는다. 또 그의 초월자는 비극을 인식하고 그 비극을 극복해 내는 철학적 인물이다. 그래서 니체의 초인에서 뻗어 나온 생철학의 줄기로서 허무주의에 맞닿아 있다.

2.

승리자, 포괄자, 초월자로 이어지는 실존철학의 개념들

비극의 묘미는 비극 자체에 있다. 비극에서는 갈등은 있지만, 그 갈등 속에서 승자와 패자는 없다는 것이 특별한 매력이다. 비극의 천재들은 서로 갈등을 일으키고 싸움을 붙여 놓고 그 싸움에서 승패가 갈리게 하면서도 그 승리가 진정한 승리가 아님을 또 그 패배가 진정한 패배가 아님을 보여 주는 기술자들이다. 비극은 결국 갈등의 해소를 분명하게 제공하면서도 동시에 그 갈등이 결코 해소되지 않는다는 것을 보여 준다. 비극은 비극 자체로 남을 뿐이다. 또한 인간존재의 형식과 함께 공존한다.

삶이 있는 곳에 비극이 있다. 비극은 어느 한구석에서도 해결의 실마리를 제공하지 않는다. 답답함의 극치를 제공해 줄 뿐이다. 문제의 해결 가능성이 있다면 그것은 진정한 비극이 아니다. 비극은 모든 가능성으로부터 고립되어야 그 힘을 발휘한다. '길이 안 보인다!' 이것이 비극을 관람한 관객의 인식이다. 비극을 통해 삶을 인식하지만, 그 비극이 삶을 창조해 낼 수는 없다. 비극작가는 삶을 비극이라는 형식 속에 담아내지만, 그 형식을 삶의 형식 자체로 간주하기를 원치 않는다.

비극이 있고 삶이 있는 것이 아니라, 삶이 있고 비극이 있는 것이다. 사람들은 희극보다 비극에 더 집착했다. 고대의 비극작가들은 이런 삶의 현상을 인식한 최초의 천재들이다. 인류 역사상 최초의 예술형식은 바로 이런 비극형식에 있었던 것이다. 비극을 알아야 인생을 알 수 있다. 비극을 알아야 삶의 의미를 깨달을 수 있다. 비극도 모르면서 삶을 안다고 말하는 것은 성경을 모르면서 하나님을 안다고 말하는 것처럼 무의미하다. 그와 같은 태도는 늘 독단으로 치닫는다.

비극에서 시작하는 철학자들은 모두 현실주의를 선택한다. 아리스토텔레스도, 니체도, 야스퍼스도 모두 현실을 무시하지 않는 철학을 펼쳐 나간다. 이들의 영향하에서 실존주의가 탄생한다. 실존주의의 대표주자 사르트르는 "실존은 본질을 앞선다"라는 명언을 남겼다. 실존이 있고 본질이 있는 것이지, 본질이 있고 실존이 있는 것이 아니라는 말이다. 사람이 있고 신이 있는 것이지, 사람도 없는데 신이 있다는 말은 허무한 주장이 될 뿐이다.

현실을 두고 실존이라 말하는 아리스토텔레스, 니체, 야스퍼스, 이들은 모두 이상주의를 비판한다. 현실이 아닌 이야기는 모두 공상적인 것으로 간주하고 극복해 주기를 바란다. 아리스토텔레스에게 이상주의는 플라톤의 이데아 이론이었고, 니체에게 이상주의는 기독교의 유일신 사상이었으며, 야스퍼스에게 이상주의는 전쟁을 일삼는 히틀러의 제3제국이었다. 야스퍼스는 자신이 처한 현실에서 현실의 한계를 보았다. 그리고 그 현실 속에서 허무함을 인식했다. 그 어떤 것도 가치 있는 것이라고 간주할 수가 없었다. 현실 속에서 길을 찾을 수가 없었다. 이런 현실 인식이 그로 하여금 비극 이론에 몰두하게 했던 것이다.

야스퍼스는 늘 동시대인들을 향해 그들의 배타적인 태도를 지적했다. 한계에 대한 인식이 없고, 무차별적으로 판단하기만 하며, 타인을 향해 무작정 죄를 덮어씌우기만 하는 그런 무자비한 태도를 보았기 때문이다. 전쟁을 일으키고 있는 독일에서 승리자를 찾을 수가 없었다. 승리자처럼 꾸며 놓은 인물은 있어도 그들은 모두 인간적인 속성을 잃어버린 사람들이었다. 이런 반시대적 태도는 니체의 세계 인식과 현실 인식을 닮았다. 니체가 1871년 보불전쟁에서 승리를 거두고 철혈재상 비스마르크에 의해 군사문화로 일관하는 독일에 대해 반감을 숨길 수가 없었던 것처럼, 야스퍼스는 히틀러에 의해 문화 자체가 군대의 형식으로 채워지고 또 온 국민이 군사화되어 가는 현실 속에서 불편한 심정을 숨길 수가 없었던 것이다.

야스퍼스의 철학에서 기둥이 되는 개념들이 몇 개 있다. 그 첫째는 승리자이다. 세상은 경쟁을 피할 수 없다. 세상에는 다양한 개인들이 살아가고 있기 때문이다. 각 개인은 자신의 주장을 펼치기를 원하고, 그런 욕망이 서로 충돌할 수밖에 없다. 이런 경쟁국면에서 누구나 다 이기기를 원한다. 열심히 공부하고자 하는 열정도 바로 이런 경쟁욕구에 기반을 두고 있을 뿐이다. 승리자의 면모는 어린 시절부터 동경의 대상이 된다. 어린 아이들은 누구나 공룡을 좋아한다. 힘이 세서 좋아하는 것이다. 혹은 만화에 나오는 주인공들을 좋아한다. 이들 또한 그 누구도 이겨 낼 수 있는 능력을 지니고 있기 때문이다. 결국, 인간의 본성은 승리를 지향한다는 데서 발견된다고 볼 수 있다.

둘째는 포괄자이다. 모든 인간은 제한적이다. 그래서 무한한 존재를 이상형으로 삼는다. 신의 이름은 임마누엘이라고 한다. 영원히 곁에 함께 있어 주는 능력이 신의 것이다. 어디까지 함께 할 것인가? 이런 질문은 신에게는 의미 없다. 신은 한계를 모르기 때문이다. 하지만 인간은 현상의 논리를 저버릴 수가 없다. 단 한 번의 기회로 신이 될 수는 없다. 끊임없는 노력의 결과로 신과 함께 하는 영광이 주어지는 것일 뿐이다. 야스퍼스는 그런 의미로 포괄자를 언급한다. 이는 늘 안아 주는 어머니의 품과 같다. 그런 행위를 거듭하며 이 세상 끝까지 나아가 보려는 것이다. 포괄자의 포괄 행위는 그 끝을 지향할 뿐이다. 그 끝이 어디냐는 중요하지 않다. 자기 자신의 열정과 노력이, 의지와 정신력이 그 끝을 정해 줄 뿐이다.

마지막으로 초월자가 있다. 이는 말 그대로 니체의 초인 사상을 닮았다. 야스퍼스의 초월자도 넘어서는 극복의 이념을 대변한다. 다만 초월자는 한계에 대한 인식을 전제한다는 것에 초점이 맞춰져 있을 뿐이다. 비극적 인식을 전제로 하여서만 초월자가 탄생할 수 있다는 논리다. 눈물은 슬픔의 증거가 될 수도 있지만, 수정체를 마르지 않게 해 주고 그렇게 해서 사물을 정확히 볼 수 있게 해 주는 필요조건이 되기도 한다. 마찬가지로 고통은 생로병사의 질곡을 경험하게 해 주지만, 새로운 전체에 동참하게 해 주는 원인이 될 수 있다.

진정한 비극 속에는 승리자가 없다. 비극 속에는 비극적인 인물들만이 있을 뿐인 것처럼, 삶 속에는 살아가는 사람만이 있을 뿐이다. 사는 자가 승리자다. 삶을 선택하는 자가 영웅이다. 이념에 놀아나고 추종하는 그런 사람은 승리자도 영웅도 아니다. 진정한 초월자는 이런 한계를 인식하고 또 그것을 넘어서야 한다는 책임과 의무로 충만해 있을 뿐이다. 야스퍼스는 철학으로, 철학적 행위를 통해 이런 삶의 이상을 보여 주고자 애를 쓴다.

3.

유신론적
실존철학

야스퍼스는 자신이 역적逆賊이 되리라고는 상상도 못 했다. 고국을 떠나야 한다는 운명을 미처 생각지도 못했다. 그는 수많은 지성처럼 고국을 등지고 이웃 나라 스위스에서 삶을 마감한다. 억울했을까? 이 철학자는 그런 말은 남겨 놓지 않았다. 그는 감정을 드러내는 문학적 문체보다는 이성을 필요로 하는 철학적 문체를 선택한다. 그는 자신의 글 속에 지극히 이성적인 말들을 남겨 놓았을 뿐이다. 이러한 철학의 형식을 빌린 문장들 속에서 우리는 그의 심정을 읽어 낼 뿐이다. 또 그의 철학적 이념을 통해서 그의 생각의 향기를 맡을 뿐이다.

야스퍼스는 조국이 벌인 두 번의 전쟁, 제1차 세계대전과

제2차 세계대전을 모두 경험하는 특별한 삶을 살아간다. 그는 유대인 출신의 아내를 둔 죄로 죽음의 문턱까지 가기도 한다. 위기의 탈출은 그가 살아간 삶의 여정 자체였다. 그의 삶은 자기합리화와 자기변명이라는 비판을 받을 수도 있다. 하지만 그는 독일 사람이면서도 독일로부터 환영을 받지 못했다. 그는 독일이 싫어서 독일을 등지고 떠난 독일 철학자다. 그런 그를 끌어안으려는 독일의 철학자들도 눈길을 끈다. 이런 모순이 읽혀야 독일이 보인다.

그리고 유대인은 유대교를 믿는 민족이다. 또한 유대교는 기독교의 뿌리가 되는 종교이자 모두 같은 여호와 하나님 예수를 믿는 종교다. 다만 유대교가 유대인에 국한된 선민사상으로 똘똘 뭉쳐 있다면, 기독교는 유럽으로 혹은 세상으로 차원을 넓힌 종교라는 점에서 차이를 보일 뿐이다. 야스퍼스는 신을 믿는 유대인의 딸을 아내로 맞이한다. 이후 그 자신도 그런 신앙에 푹 빠져 있었다. 신을 믿는다는 것에서 양심의 가책 따위는 없었던 것이다. 그는 늘 사람 사는 세상과 신이 있는 세상을 동등하게 보려는 시각으로 사물을 바라보았다.

그런데 신을 믿는다는 이유 하나만으로 인생이 꼬이고 만다. 독재자 히틀러의 제3제국은 유대인을 제거하려는 정책을 펼쳤다. 유대인들은 민족의 상징으로 '다윗의 별'을 가슴에 붙이고 살아야 했다. 이 민족에 대한 차별의식은 정치적 차원에서 대놓고 진행되고 있었던 것이다. 양심의 가책도 받지 않고 유대인을 학대하고 학살했다. 살고 싶으면 게르만의 민족정신을 주장해야 했다. 그런데 야스퍼스는 양심을 속일 수가 없었다. 이러한 그의 정신이 그의 삶을 위기로 몰아갔다.

야스퍼스는 니체에게서 철학적 사상을 키워 나간다. 제목에 니체라는 이름이 들어간 책도 있으며, 《니체. 철학입문》(1936)과 《니체와 기독교》(1938)가 대표적이다. 그리고 그의 철학은 《실존철학》(1938)이란 책에서, 그 제목에서 이미 시사하고 있듯이, 실존을 추궁하는 철학으로 이어진다. 무엇이 실존이란 말인가? 이 질문은 복잡한 사안이다. 여기에 다양한 질문들이 가지를 칠 수 있다. 무엇이 현실이란 말인가? 무엇이 진실이란 말인가? 무엇이 정의란 말인가? 무엇이 신의 뜻이란 말인가? 무엇이 삶이란 말인가? 무엇이 이성이란 말인가? 등이 실존이란 개념에서 뻗어 나오는 가지들이다.

실존철학의 매력은 신을 포기하지 않고 니체의 철학을 감당해 내는 그 과정 속에 있다. 야스퍼스 철학의 매력 포인트는 신을 사랑하면서 동시에 인간애를 펼칠 수 있다는 대목에 있다. 대부분의 독자들은 니체의 텍스트 속에서 '신은 죽었다'는 주장에 발목이 잡히고 만다. 그러면서 반기독교 정서를 떠올리며 반항심만을 고취시키기에 급급했다. 니체의 철학을 무신론의 그것쯤으로 치부하면서 업신여기기에 바빴다는 얘기다. 니체가 그렇게 배타적이고 일방적이었다면 아무 쓸모없는 철학에 불과하다. 하지만 현대철학은 니체라는 기반 위에 세워진 탑과 같다. 따라서 탑이 된 돌들의 이야기에 귀를 기울여야 한다. 니체라는 지대석이 없었다면 현대철학 자체가 불가능했을 것이다. 현대를 아는 자는 니체의 그림자를 부정할 수 없음을 잘 알고 있다.

신은 있다. 신은 존재한다. 신은 사람 사는 곳에 어떤 형식으로든 반드시 또 구체적으로 군림한다. 돌이 되었든 나무가 되었든 태양이 되었든 달이 되었든 어떤 형태로든 신은 존재한다. 신은 부정한다고 부정될 수 있는 것도 아니다. 신은 그런 식으로 사라질 존재도 아니다. 사람은 신 없이 살 수가 없다. 사람이라서 신을 필요로 하는 것이다. 신은 사람의 조건이 되기도 한다. 인간의 조건이라고 말하면 더 철학적 표현이 될까. 하지만 모든 것을 독점하고 배타적인 태도를 보이는 신을 극복하기란 쉽지 않다. 자기가 믿는 신을 최고라고 여기는 그 발상부터 극복해 내야 하기 때문이다.

　'신은 죽었다.' 이 말은 신을 부정하는 소리가 아니다. 신을 태어나고 늙어 가며 병들어 죽을 수 있는 존재로 설명하고 있을 뿐이다. 신을 생각해 낸 최초의 인물인 모세의 생각이 〈창세기〉를 집필하게 했다. 그 〈창세기〉도 저자의 입장에서 읽으면 재미난 장면들이 곳곳에서 발견된다. 자기가 신을 만났다고 한다. 그리고 신이 한 말을 들었다고 한다. 자기가 글을 쓰면서 이런 소리를 하고 있다. "하나님이 모세에게 이르시되 나는 스스로 있는 자이니라 또 이르시되 너는 이스라엘 자손에게 이같이 이르기를 스스로 있는 자가 나를 너희에게 보내셨다 하라."(출애굽기 3:14) 자기가 하는 말을 신이 한 말로 만들어 놓는다. 작가의 입장에서 형성되는 이런 생각이 구체화되면 성경 전체가 동화처럼 읽혀지기도 한다.

　야스퍼스는 종교 개혁자 마르틴 루터처럼 새로운 신앙을 철학적 복음으로 전하려 한다. 그는 신을 죽이고 새로운 신을 구현하려 한다. 제3제국의 전체주의를 극복하고 진정한 전체를 지향하는 철학을 가르치려 한다. 한계를 넘고 넘어 모든 것을 초월한 경지에서 진정한 사랑을 실천해 보려는 것이다. 새로운 신에 대한 소식을 복음으로 간주하되 철학이란 형식을 취하고

자 한다. 야스퍼스의 철학은 이 새로운 신에 대한 복음이다. 그래서 학자들은 그의 철학을 일컬어 '유신론적 실존철학'이라고 부른다. 삶이 있어서 신을 찾게 되는 그런 철학이다.

4.

니체의 길을
따라가는 철학자

　　니체의 글을 읽으며 니체가 가르쳐 준 대로 살아가기란 정말 힘들다. 그의 철학을 삶의 현장 속에 적용시키며 산다는 것은 정말 초인적인 의지를 요구하기 때문이다. 그 무엇에 의지함도 없이 스스로 선택하여 자신의 길을 가라고 가르쳐 준다. 그때가 되면 갑자기 멀어지는 그 거리감 때문에 당황하지 않을 수 없게 된다. 또한 갑자기 거리를 두려는 그 낯선 의지 앞에서 속수무책이 되고 만다. 따라오라고 가르쳤으면서 때가 되면 떠나라고 한다. 이 모순을 어떻게 감당해야 할까. 희망을 갖고 살라고 가르쳤으면서도 때가 되면 모든 희망을 버리라고 한다. 이 반전을 어떻게 견뎌 내야 할까. 하지만 가능할 것이다. 어떤 상황에서도 생각하는 존재는 생각 하나만으로 온갖 대답을 찾아 내고야 말 것이다.

1902년 당시 야스퍼스의 나이는 19세였다. 자신의 생각으로 삶의 지도를 그려 낼 약관의 나이를 눈앞에 두고 있었다. 그때 그는 스위스의 질스마리아를 지나가는 여행을 한 적이 있다. 질스마리아, 그곳은 니체가 차라투스트라와 영원회귀의 이념을 탄생시킨 곳이다. 소위 차라투스트라의 고향이 되기도 한다. 이 영감과 함께 니체는 죽을 고비를 넘기고 불후의 명작 《차라투스트라는 이렇게 말했다》를 탄생시켰던 것이다. 죽음의 경험 속에서 최고의 작품이 출현할 수 있었다. 그런 성지를 19세의 청년이 순례를 하고 있었던 것이다.

니체의 숨소리가 들려왔을까. 그런 숨소리를 따로 호흡도 해 보았으리라. 야스퍼스는 그렇게 니체의 길을 걷고 있었을 것이다. 또 야스퍼스는 니체가 교수로 재직했던 바로 그 바젤대학교의 교수가 된다. 그는 이 대학교에서 퇴직하며 철학적 이력의 마지막을 장식하게 된다. 니체가 포기한 교육경력을 그는 마지막까지 견뎌 내며 완성해 냈다. 니체를 따라가는 야스퍼스의 운명적 추종 행위가 엿보이는 듯도 하다. 물론 너무 주관적이고 너무 지나친 해석일 수도 있다. 그냥 우연히 그런 일들이 있었고, 우연히 바젤대학교의 교수가 되었으며, 우연히 이 대학교에서 퇴직했을 수도 있다. 아무 생각 없이 그런 결과가 나타났을 수도 있다. 누가 이 문제에 대해 이의를 제기하면 사실 항변할 말도 없다.

아무리 거부하고 부정해도 야스퍼스의 철학은 니체의 허무주의에서 싹을 틔운 것이 틀림없다. 신을 믿는 신앙을 포기하지 않고서도 무신론이라고 평가받는 니체의 허무주의 철학을 감당해 낼 수 있다. 그것을 야스퍼스가 증명해 낸 것이다. 니체는 현실 자체를 이성에 의한 불구자로 보았다면, 야스퍼스는 자신이 처한 현실을 독특하고 특별한 이성에 의해 불구가 되어 있음을 증명해 냈다. 그가 경험한 제1차 세계대전은 빌헬름 2세라는 야심가의 과대망상에서 비롯되었고, 제2차 세계대전은 히틀러라는 독재자에 의해 발발했다. 둘 다 어떤 이념에 얽매여 있었음을 확인한 것이다.

빌헬름 2세는 비스마르크가 이룩해 놓은 군사력을 맹신하는 실수를 저질렀고, 히틀러는 세상을 지배하리라는 게르만 민족에 대한 환상을 증폭시키며 헛된 꿈을 포기하지 못하는 오류를 범했다. 이 시기는 니체가 사자를 일컬으며 했던 말 '금발의 야수'를 게르만 민족으로 간주하며 철학의 정치적 군사화가 시도되었다. 게다가 1925년에 출간되는 히틀러의 《나의 투쟁》은 독일인이라면 반드시 읽어야 하는 게르만 민족의 성경책이 되었다. 니체의 초인으로 비유된 극복의 이념이 세상 지배의 이념으로 탈바꿈하고 변질하는 이상한 일이 벌어지고 만 것이다.

니체를 오용하는 독일을 향해, 야스퍼스는 쓴소리를 내뱉는다. 니체의 철학이 그런 것이 아니라고 항변한다. 야스퍼스는 니체의 철학을 변호하면서 동시에 자기 자신의 철학을 구축해 가기 시작한다. 니체의 텍스트 곳곳에서 등장하는 '실존'이라는 단어를 중심으로 자기만의 철학을 탄생시켰던 것이다. 무엇이 실존인가? 죽음 이후에나 경험하게 될 저세상의 삶이 실존인가? 타인을 짓밟고 난 뒤 그 위에서 펼쳐질 지상천국이 실존인가? 이런 말은 모두 잔인한 이상주의에 불과하다. 플라톤도 현실을 버리는 무정한 철학을 펼쳤다. 그렇게 이데아가 실존이라고 주장했었다. 세상을 지배하는 그 세상이 펼쳐져야 실존이 가능한 것인가? 야스퍼스는 그 세상을 위해 지금과 여기라는 상황 논리로 충만한 이 세상에서의 삶을 희생해야 한다는 허무맹랑한 논리에 동참할 수 없었다.

인식은 깨달음을 뜻한다. 깨달음과 인식은 같은 사물에 대한 다른 말이다. 그저 이름이 다를 뿐이다. 인식으로 설명하든 깨달음으로 설명하든 아무래도 상관없다. 그냥 그때그때 적당한 개념을 사용할 줄 알면 그만이다. 인식은 한자어이고, 깨달음은 한글이다. 여기서 한자어가 고상하게 들리고, 한글이 허접하게 들리는 것은 유럽의 중세적 사고방식과 비교될 수 있다. 그때 그곳에서는 라틴어가 고상하게, 그리고 현실의 일상언어, 예를 들어 독일어가 속된 말로 들렸기 때문이다. 하지만 둘 다 같은 말일 뿐이다. 문제는 인식 앞에 수식어가 더 붙은, '비극적 인식'이라는 철학적 개념이다. 무엇을 두고 비극적이라고 말하는가가 문제라는 얘기다.

비극은 철학의 전제가 된다. 또한 비극적 인식은 철학적 사고의 디딤돌이 된다. 야스퍼스는 끊임없이 한계상황에 대해서 설명을 한다. 무엇이 한계인지를 설명하고 가르쳐 주고 싶었던 것이다. 그 한계에 대한 인식이 삶에 대한 깨달음으로 확장될 수 있기 때문이다. 한계가 보여야 용기도 낼 수 있는 기회를 얻게 된다. 자연은 잔인하다. 생로병사의 잔인한 굴레를 보여 준다. 흙은 더럽다. 온갖 징그러운 벌레들이 득실거림을 보여 준다. 그런 자연을 신성한 것으로 인식하고, 그런 흙을 대지의 뜻으로 승화시켜 내는 것은 생각하는 자의 몫이다. 그런 인식과 승화를 위해 공부를 해야 한다. 철학을 배워야 하는 것이다. 야스퍼스는 끝까지 삶을 포기하지 않았다. 삶을 향한 그의 열정은 자기 자신의 철학의 형식을 통해 변호된다. 그는 조국을 버렸지만 후회는 없다. 오히려 잘했다고 말해 주고 싶을 정도다. 끝까지 고집을 피우고 순교를 했더라면 위대한 실존철학은 탄생하지 못했을 것이다.

IX.

슈바이처와 밀림의 초인

1.

니체에게서 시작된
봉사와 희생정신

슈바이처는 1952년 노벨 평화상에 호명되지만, 실제로 그 상을 받은 것은 1954년이다. 어쨌든 개인의 공로가 세계적으로 인정을 받은 셈이다. 영광이다. 이제 우리는 그의 삶에 대해 고민을 해 봐야 한다는 숙제를 떠안게 되었다. 그가 아프리카로 가서 봉사하고 희생했던 삶이 무엇을 의미하는지에 대한 답을 찾아내야 한다.

"나는 용감하게 나의 운명에 순응했다." 진정 용기 있는 자만이 할 수 있는 말이다. 대부분의 사람들은 현실과 타협하고 진실을 외면한 채 자기합리화로 위로하며 자기변명을 통해 주관적인 답만으로 자위할 뿐이다. 하지만 운명과 정면으로 충돌하는 자는 드물다. 우리 민족의 시인 윤동주처럼 "별을 노래하는 마음으로 / 모든 죽어 가는 것을 사랑해야지" 이런 마음이다. 초인의 마음이자 시대를 읽어 낸 천재의 고백이다. 그리고 슈바이처는 다음과 같이 주장하기에 이른다.

> 내가 보기에는 프랑스에서 가장 위대한 언어적 창조는 루소의 《사회계약론》이고 독일에서 가장 완전한 것은 루터의 성서번역과 니체의 《선악의 저편》인 것 같다.

니체의 《선악의 저편》(1886)을 독일의 최고의 저서로 평가하고 있다. 슈바이처가 이 책을 읽었다는 것은 당연한 일이다. 그 안에 담겨 있는 이념 또한 고스란히 받아들였을 것이다. 그리고 어떤 왜곡도 일어나지 않았을 것이다. 취사 선택하는 나쁜 독서로 형성된 이미지 역시 결코 아닐 것이다. 슈바이처는 니체라는 나무에서 뻗어 나간 철학자였다.

슈바이처에게 있어서 최고의 이상은 봉사하는 초인이다. 이는 인간애가 이념적 차원에서 머물지 않고 실천의 영역으로 전환을 일궈 내는 정신이다. 운명은 사랑해야 한다. 이 말이 금언으로 읽히는 이유는 대부분 사람들이 운명을 사랑하지 않기 때문이다. 생로병사가 싫어서 천국 사상에 매달리는 것이다. 영원히 살고 싶다고 아우성치며 영생 이론에 몰두한다. 가련한 인생이 따로 없다.

하지만 진정한 영웅은 현실을 외면하지 않는다. 오히려 현실을 무대 삼아 새로운 영역으로 활동반경을 넓혀 나간다. 현실적 장애물은 도전의 대상이 된다. 자신의 삶에 안주하는 것은 초인의 것이 아니다. 자신의 고통에 휩싸이는 것도 그의 것이 아니다. 자기연민은 이성이 직면하는 운명적 상황이지만, 그것을 넘어서는 것은 초인의 것이다.

슈바이처는 세계의 고통에 동참한다. 칸트가 나도 알고 너도 알고 우리가 모두 알고 있을 것이라는 '순수이성'을 최고의 모범으로 제시했던 것처럼, 슈바이처는 우리가 모두 알고 있을 고통을 인식해 주고 그런 고통을 향한 동정심으로 삶의 현장에 임해 주기를 원했다. 그가 꿈꿨던 이상향도 니체처럼 '선악의 저편'에 있었다. 사랑이 넘치는 것이다. 포용적 이념으로 넘실대는 바다와 같은 곳이다. 이미 말했듯, 바다는 다 받아서 바다다. "나는 말로만 사랑하는 사랑을 좋아하지 않는다." 이런 소포클레스의 명언을 굳이 인용해 놓지 않아도 된다.

2.

초인 대 초인

슈바이처는 초인이란 개념을 1920년대부터 다루기 시작했다. 무엇보다도 문화철학의 영역에서 이 개념을 다뤘던 것이다. 그는 초인을 기계의 역할에 맹신하는 시대적 경향에 대립한 이념으로 활용했다. 온 인류가 기계의 위대한 역할에 찬송가를 불러 델 때, 슈바이처는 인간적인 면을 주목하게 하려 했다. 그렇게 인간의 기계화에 맞서 혼신의 힘을 다해 싸웠다. 그의 전쟁은 정신의 전쟁이었다. 화약 냄새가 전혀 나지 않는 정신이 펼치는 전쟁이었다.

사람은 자연의 상태를 무시하지 못한다. 사람이 사는 삶의 현장은 자연의 힘이 지배할 수밖에 없다. 그런 자연을 향해 무지막지하다고 평가해서도 안 된다. 자연을 무시하는 만큼 자기 자신에 대한 무시도 행해지게 될 것이 틀림없다. 자연은 문화와 함께 어우러져야 한다. 또한 자연의 문화화와 문화의 자연화는 동시에 이루어져야 한다. 자연의 힘을 지배하는 권력은 교육을 통해 이뤄지는 문화의 업적이다. 이것은 슈바이처의 철학에서 대전제가 되는 주장이다. 문화인은 그런 권력을 획득한 자이다. 그는 그 권력을 사용할 줄 안다. 자연과 함께 자연스럽게 살아갈 줄 아는 존재인 것이다.

그런데 현대인은 물질을 정신화하는 데 맹목적이고, 원인과 결과의 논리 속에서도 기계처럼 단순하게 반응하는 정신에 운명을 맡기는 실수를 저지르고 있다. 즉 인간의 가치를 기계의 부품처럼 간주하고 있다. 기계를 돈을 주고 샀으면서도 그 기계가 보여 주는 현상을 자기 자신의 힘으로 과시하는 지경에 이르렀다. 기계를 명품이라는 개념으로 불러 대면서 그 가치에 자기 자신의 의미까지 연결해 놓는 몰상식한 작태가 벌어지고 있는 것이다.

현대는 자본주의 시대이다. 자본이 신인 시대이다. 자본은 기계를 만드는 데 주력한다. 현대인은 자기 뜻에 조금만 어긋나도 불안상태에 빠지고 마는 지극히 가련한 정신상태를 보여 준다. 기계가 없으면 자기 보호본능조차 말썽을 피우고 만다. 그냥 세상이 두렵다. 죽을 것만 같다. 이런 감정이 공황장애라는 현대인의 질병을 야기시키고 있다. 자본에 정신을 판 결과가 이런 것이다.

현대인이 현대의 문제를 자각하기란 쉽지 않다. 현대인은 스스로가 현대라는 바닷속에 있어서 바다가 무엇인지 알 길이 없는 것과 같다. 현대인이 현대를 인식하려면 현대 밖으로 나갈 수 있는 시선을 가져야 한다. 물고기가 바다를 알려면 바다 밖으로 나가 봐야 하는 것과 같은 이치이다. 현대인은 자본의 위대함에 눈이 먼 상태이다. 마치 마야의 베일에 씌어서 오로지 자본의 긍정적인 면만 바라보고 있는 것과 같다. 결혼하는 신부가 이런 베일을 머리에 쓰는 이유는 이제부터 사랑하는 사람의 좋은 면만 보고 살라는 의미이다. 그런데 그럴 수 있는가? 모두가 조금씩 솔직해질 필요가 있다.

현대인은 자기 자신을 잃고 자본과 기계의 이념으로 충만해 있다. 그런 지경을 현대인은 초인의 경지라고 헛소리를 해 대고 있다. 마치 컴퓨터를 지배하는 자가 초인인 것처럼 말하는 어처구니없는 상황이 펼쳐지고 있는 것이다. 그런 존재가 '호모 사피엔스'니 '호모 데우스'니 하는 개념으로 설명을 해 대고 있는 것이나 다름없다. 컴퓨터의 정신이라 할 수 있는 인공지능을 지배하는 자가 신이라 불리는 신인류이다? 착각이다. 착각해도 한참 착각했다. 슈바이처는 현대인이 펼쳐대는 이런 종류의 오해에 도전장을 내민다. 그러면서 초인은 그런 존재가 아니라고 선포한다. 그는 현대인이 말하는 초인은 괴물과 같다고 단언한다. 1954년 노벨 평화상을 수락하며 한 연설 속에 슈바이처는 초인을 언급한다. 그는 이 개념을 현대인을 향한 경고의 메시지로 활용하며 이렇게 말했다.

> 초인은 고통을 당하는 존재이다. 그는 운명적으로 불완전한 것에 또 정신적으로 완전하지 못한 것에 고통을 느낀다. 그는 초인적인 이성을 발휘하여 초인적인 권력을 지향한다. 그는 결코 포기하지 않는다. 그런데 우리는 깊은 오해의 수렁에 빠지고 말았다. 우리가 현재 의식해야 할 것이 있다면 그것은 '초인'을 주장하면서 비인간적인 인간이 되어버렸다는 사실이다. 이것은 이미 오래전에 의식했어야 할 내용이다.

초인을 말하면서 스스로는 초인은커녕 오히려 괴물이 되

어 버린 현대인들을, 슈바이처는 거울 앞에 세운다. 하지만 현대인은 자신의 모습을 보면서도 깨닫지 못한다. 오히려 기계에 얽매인 삶을 살아가고 있으면서도 스스로는 호모 데우스니 하는 어처구니없는 개념을 떠올린다. 스스로가 신이라고, 스스로가 신이 되었노라고 선포하는 비인간적인 일을 자초하고 있는 것이다. 이런 행위는 '신은 죽었다'고 말했던 니체의 말보다 훨씬 더 비도덕적이고 비인간적인데도 불구하고 현대인들은 거기서 어떤 불편한 감정도 발견하지 못한다.

자본과 관련해서라면 귀와 입을 닫고 산다. 현대인은 자본의 무덤 속에 갇혀 버렸다. 이성을 자본의 원리 속에 가둬 놓고 거기서 구속의 자유를 외쳐 댄다. 눈만 뜨면 돈을 생각하며 삶에 임하면서도 그것이 정상이라고 간주한다. '돈이면 다 된다'라는 망상이 새로운 신상을 만들어 냈다. 그렇게 돈 위에 군림하는 신의 뜻을 만들어 내고 있다. 현대인은 자신의 생각에 지배를 당하면서도 답답함이라고는 전혀 느끼지 않는 중독상태에 빠지고 만 것이다.

3.

사랑하며
봉사하는 초인

　　사람은 사랑 없이 못 산다. 누구나 지금 하는 사랑이 가장 작은 사랑이기를 바란다. 누구나 내일은 더 큰 사랑이 실현되기를 원한다. 사랑은 사람의 이상이다. 또 사람은 사랑을 위해 산다. 모든 행위는 사랑으로 나아간다. 사랑이 사람을 낳았을까? 사람이 사랑을 만들었을까? 아무래도 좋다. 하지만 그런 질문 자체가 가슴을 설레게 한다. 사랑이란 단어 하나가 이토록 위대한 힘을 발휘한다.

　　그런데 사랑을 독점하는 세력이 있다. 이것만이 사랑이라고 편파적으로 발언하는 단체가 있다. '너는 와서 설명하라!'라고 명령하는 자들이 있다. 스스로를 '전통파 신자들'이라고 칭

하는 이들 앞에서 거부권을 행사하며 진정한 사랑이 무엇인지 증명해 낸 철학자가 알베르트 슈바이처이다. 그는 사랑을 실천하는 데 있어서 허락을 받아야 할 책임이나 의무감을 전혀 느끼지 못했던 것이다. 그는 1900년 8월 니체에 관한 강연을 준비하고 있을 때, 죽음이 드디어 그 광기의 철학자를 고통에서 해방시켜 주었다는 소식을 접했다.

니체가 죽었다. 생철학을 펼쳤고 허무주의의 이념을 가르쳤던 그는 1900년 8월 25일에 이 세상을 떠났다. 이 생철학자의 죽음 소식은 슈바이처에게 역사적 기록으로 남겨 둘 만한 사건이었다. 그의 자서전《나의 생애와 사상》이란 책 속에서 가끔씩 등장하는 니체라는 이름은 슈바이처의 생애와 사상을 이해하게 해 주는 징검다리 역할을 한다. 니체가 없었으면 슈바이처의 철학도 불가능했을 것이다. 어떤 어려움이 닥쳐도 그것을 한계로 인식하고 극복하려는 의지는 니체에게서 배웠을 것이 틀림없다.

삶만이 정답이다. 생철학의 숙제는 삶이지 죽음이 아니다. '죽음을 기억하라'라는 중세의 경고는 삶을 위한 것이 아니라 천국을 위한 것이었다. 그리고 생명을 위한 것이 아니라 영생을 위한 것이었다. 영원히 살기 위해 이 세상에서 주어진 이 삶을 하찮게 여겨야 한다면, 그것은 실수이다. 삶도 권리가 있다. 삶은 살 권리가 있는 것이다. 그 고귀한 삶에 이상한 진리의 소리를 들려주며 해코지하는 실수는 없어야 한다. 반대로 '삶을 기억하라'고 외쳐 댔던 니체의 음성에 귀를 기울여야 한다. 삶을 변호하는 이런 이념을 슈바이처는 '생명존중 사상'으로 옷을 바꿔 입혀 놓았을 뿐이다.

초인은 극복의 이념이다. 슈바이처는 그 극복에의 의지를 사랑이란 단어로 바꿔 놓았다. 삶에의 의지를, 생에의 의지를, 생의지를, 그 복잡하게 들리는 철학적 개념들을 사랑이라는 감각적인 단 하나의 단어로 총칭할 수 있게 만들어 놓은 것이다. 사랑은 단 하나의 말이지만, 그 말로 표현해 낼 수 있는 범위는 상상을 초월한다. '사랑한다'라는 한 마디 말이 미치는 효과는 무궁무진하다. 그 어마어마한 영역 속에 군림하는 자가 사랑을 실천하는 초인이다. 그 초인은 늘 새로운 도전을 실천해 낸다. 새로운 사랑을 펼칠 기회를 찾고 결국에는 그 사랑에 빠져 버리는 행운을 거머쥔다.

사랑은 상처를 남긴다. 사랑은 목숨을 바쳐야 한다. 사랑은 모든 것을 버릴 때 기적처럼 주어진다. 하지만 모든 것을 바친다 해도 사랑이 보장되는 것도 아니다. 그래서 사랑은 기적과 같은 것이다. 사랑은 일상을 포기할 때 펼쳐지는 천국의 복음 소식을 들려준다. 사랑에 빠질 때는 천사들의 합창이 봄소식처럼 세상을 가득 채운다. 그리고 마지막 희망이 최초의 새로운 삶의 소식을 접하게 해 준다. '하늘이 무너져도 솟아날 구멍이 있다.' 이것이야말로 슈바이처가 품고 있었던 희망의 메시지다. 어떤 상황에 처해 있어도 사랑할 수 있게 해 주는 금언이었다. 동시에 사랑에 인생을 바칠 수 있게 해 준 구원의 목소리였다.

　　세상에서 가장 행복한 자가 사랑에 빠진 자다. 사랑하는 자를 이길 수는 없다. 사랑하는 자의 웃음보다 더 멋진 웃음은 찾을 수 없다. 사랑하는 자의 춤보다 더 아름다운 춤은 존재하지 않는다. 사랑에 빠지면 야수조차 부드럽게 돌변한다. 사랑은 한계를 무너뜨리고 꽁꽁 닫혔던 마음의 문을 활짝 열어 놓게 한다. 사랑은 살면서 어두운 곳에 은밀하게 숨겨 두었던 가장 부끄러운 부분조차 꽃처럼 자신의 가장 높은 곳에 두고서도 전혀 부끄러워하지 않는다. 아니 오히려 행복에 겨워한다. 사랑하면 죄의식도 불안도 공포도 다 사라진다. 사랑은 '신이 함께 해 준다'는 그 말의 힘이 증명되는 순간이다.

　　슈바이처의 삶은 꽃처럼 아름답다. 아니 어쩌면 꽃보다 더 아름답다. 그에게 주어진 노벨 평화상은 형식에 그친다. 그가 살아간 삶의 내용은 그런 형식으로 증명될 수가 없다. 슈바이처는 철학을 공부했고, 그 철학을 근간으로 하여 삶 속에서 실천하며 살아갔다. 그는 철학을 공부하는 혹은 철학을 공부해야 하는 이유를 찾게 해 준다. 그가 인도해 준 길을 따라가다 보면 일종의 카타르시스를 경험하게 된다. 고통을 끝까지 견뎌 낸 자만이 경험하는 그 황홀지경을.

4.

사도 바울에게서
빛을 보고 길을 찾다

성경 저자 중에 사도 바울은 참 특별하다. 신약성경의 다른 모든 저자는 예수를 직접 만난 사도들이다. 그런데 바울은 그렇지 못하다. 그런데도 그는 신약성경의 절반에 해당하는 서간문들을 집필해 냈다. 속된 말로 신약의 절반이 바울의 것이다. 그의 글들이 '성경'이라는 이름으로, 말 그대로 신성한 명예를 얻게 된 것이다. 자신의 글이 불멸을 넘어 성경으로 간주된다는 것은 모든 글 쓰는 이들의 희망사항이 아닐까. 글을 쓸 때마다 바울의 입장에서 세상을 바라보고 생각하는 그런 훈련을 해 보기도 한다.

바울의 매력은 무엇일까? 구약성경은 여호와 하나님을

접한 자들이 쓴 글들이라면, 신약성경은 예수를 만났거나 바울처럼 그의 이념을 깨달은 자의 글들이 되는 것이다. 바울을 통해 예수의 생각을 구체화할 수 있는 기회를 얻게 되는 것이다. 슈바이처는 이런 바울을 발견한 철학자이다. 슈바이처의 '생애와 사상'은 종교의 틀과 철학의 형식이 서로 어울리면서 완성되어 간 결정체와 같다. 그가 발견한 바울의 형상 속에 니체와 예수가 하나가 되는 위대한 기적이 일어난 것이다. "나를 이해했는가? 디오니소스 대 십자가에 못 박힌 자"라는 이 대립을 이해했는가? 스스로 질문을 해 봐야 할 대목이다.

사도 바울은 끊임없이 반복한다. 자신은 예수로부터 인정을 받은 자라고. 신약성경의 순서대로 보자면 바울의 첫 번째 서신〈로마서〉는 이런 말로 시작한다. "예수 그리스도의 종 바울은 사도로 부르심을 받아 하나님의 복음을 위하여 택정함을 입었으니." 두 번째 서신〈고린도전서〉는 "하나님의 뜻을 따라 그리스도 예수의 사도로 부르심을 받은 바울", 세 번째 서신〈고린도후서〉는 "하나님의 뜻으로 말미암아 그리스도 예수의 사도 된 바울" 등 거의 모든 그의 서신들은 그가 인정을 받았다는 선언과 함께 시작한다. 그런 선언과 함께 그의 글을 신의 목소리로 간주할 수 있는 기회를 얻게 된 셈이다. 니체는 이런 바울을 비판했지만, 슈바이처는 바울을 근간으로 하여 더 넓은 세상으로 나아간다. 니체는 틀렸고, 슈바이처는 맞다는 식의 주장을 펼치려는 것이 아니다. 오히려, 후배로서 슈바이처는 니체의 계보를 이어 가며 더 확장해 가는 철학을 펼쳤다고 이해할 때, 그들 간에 연속되는 일련의 강물을 발견하게 된다. 생철학이라 불리는 생명의 강물을. 바다로 향하는 허무주의라는 강물을.

슈바이처는 바울에게서 '종교적 인간'에 대한 비전을 발견한다. 그는 복음의 진리를 마음과 생각 속에 심어 주어 훗날 무종교에 대한 유혹이 닥쳐오더라도 이에 저항할 수 있는 힘을 전수하고 구축하는 데 목적을 둔다고 고백한다. 그는 예수 그리스도의 정신이 있는 곳에 자유가 있다는 바울의 말을 굳게 믿었다. 또 예수의 진리는 생각하는 능력과 결합하여야만 한다고 가르친다. 그는 바울을 통해 예수를 발견했고, 예수를 통해 사랑의 윤리적 종교라는 이상을 얻게 된다.

종교적 인간은 사랑을 실천하는 데서 완성된다. 슈바이처는 《사도 바울의 신비주의》(1931)라는 책에서 '사랑의 종교'에 대한 이념을 펼쳐 나간다. 그는 여기서 기독교의 본질은 '세계 부정'을 거쳐 '세계 긍정'에 이르는 것이라고 보았다. 부정을 극복하고 긍정으로 나아가야 한다는 이론이다. 그는 예수가 말한 하나님의 나라가 초자연적인 현상으로, 비현실적으로, 즉 이 세상의 논리와는 별개의 것으로 펼쳐지리라는 주장에 반대한다. 그는 이 종말론적이고 비관적인 세계관에 정면으로 충돌을 일삼는다.

하나님의 나라는 오로지 예수의 정신에 의해 우리의 마음과 세계 안에서 실현될 것이라는 주장을 슈바이처는 줄기차게 펼쳐 나간다. 한 가지 중요한 것은 예수가 자기의 제자들에게 말한 것처럼 우리가 '하나님 나라의 관념'에 완전히 지배당하는 것이다. 그리고 그 관념은 오로지 우리의 마음에 달려 있다. "하나님의 나라는 볼 수 있게 임하는 것이 아니요 또 여기 있다 저기 있다고도 못하리니 하나님의 나라는 너희 안에 있느니라."(누가복음 17:20-21) 슈바이처는 이 말의 의미를 그렇게 이해한 것이다.

마음이 천국에 있으면 그 마음을 품고 사는 사람 또한 천국에서 사는 삶을 맛볼 수 있게 된다. 또 사랑을 실천하는 자는 그 헌신적인 실행으로 말미암아 신과 함께 하는 영광을 누릴 수 있게 된다. 슈바이처의 신앙관은 이토록 현실적이었다. 그래서 현실을 지향하는 신앙을 선호했다. 그의 철학 전체는 말만 번지르르하게 늘어놓고 실천은 실종되어 버린 기존의 기독교인들에 대한 쓴소리와 같았다. 사랑은 그런 방식으로는 전해질 수 없고, 그러한 방식의 사랑은 결코 복음으로서 전파될 수 없다는 것이 슈바이처의 기본 입장이었다.

5.

바그너를 숭배했던
철학자

슈바이처는 '나는 리하르트 바그너를 숭배했다'라는 말을 하기에 부끄러움이 없었다. 그는 〈탄호이저〉를 듣고 나서, 그 음악에 너무도 압도당하여 며칠 동안 학교 수업에 주의를 기울일 수가 없었다고 고백하기도 했다. 경험의 내용을 말로 형용하기란 쉽지 않다. 니체가 바그너에게서 발견한 희망 사항도 마찬가지다. 사랑하는 사람에게 우리는 상대의 '어떤 면을 사랑하느냐?'는 식의 질문을 해 댄다. 그 어떤 대답이 들려오면 그것을 대답으로 삼지만, 사실 그것은 커다란 현상에 대한 하나의 일부분에 지나지 않는다. 사랑은 그런 식으로 설명될 수 없기 때문이다. 마찬가지로 음악에서 접한 경험도 말로 형용할 수 없는 광대함을 연상케 한다.

바그너는 사랑을 음악이란 형식에 담아 낸 천재이자 사랑을 음악의 선율에 실어 내는 최고의 기술자였다. 그의 음악을 들으면 사랑이 이끄는 황홀한 지점까지 가기도 하고, 그 사랑이 남겨 놓는 깊은 상처를 인식하기도 한다. 때로 그의 음악은 사랑을 선율로 풀어 내는 제전과 같다. 그리고 사랑을 위해 제사를 지내는 디오니소스 축제와 같은 감동을 선사한다. 주인공은 언제나 진정한 사랑을 갈구했고 영원한 사랑을 동경했다. 그의 영혼은 오로지 이런 사랑에 의해서만 구원을 받게 된다. 구원을 받기 전까지 주인공의 열정은 식을 줄을 모른다.

1830년대에 풍미했던 청년독일파의 이념을 이어받은 바그너는 사랑의 전도사였다. 정신적 사랑에 치중하던 기존의 경향에서 벗어나 전혀 다른 사랑의 힘으로 균형을 잡아 줄 것을 요구했다. 정신적 사랑과 육체적 사랑이 균형을 잡아 줘야 진정한 사랑이 실현된다는 그런 이념이었다. 진정한 사랑엔 용기가 필요하고, 영원한 사랑엔 희생이 필요하다. 용기에 의해 이성은 선악의 경계를 넘어서게 되고, 희생을 통해 사랑은 경험의 대상이 되는 것이다. 사랑은 가장 가까운 사람을 만들고, 이별은 가장 먼 사람을 만든다. 만남은 스스로를 신으로 만들어 신명 나게 하고, 이별은 바닥없는 심연 속에 빠뜨려 허우적거리게 한다. 타인을 가까이 둘 수 있는 사람이 천국에 들 수 있는 반면, 타인을 경계하고 거리를 두고자 할 때 천국 소식은 먼 나라의 이야기가 되게 하고, 급기야 지옥의 온도까지 느끼게 해 준다.

〈탄호이저〉를 들은 슈바이처의 정신은 이런 사랑의 이념 속에서 몇 날 며칠을 보낸 것이다. 인물 탄호이저가 혜맸을 사랑의 숲에서 길을 잃고 방황했을 것이다. 엘리자베스의 이념적이고 성스러운 사랑과 비너스의 감각적이고 육체적인 사랑은 서로 배격할 것이 아니라 보완해 줘야 한다는 것이야말로 최고의 시대적 숙제이다. 무엇이 정답이냐고 추궁하며 단일성만을 요구하는 이성은 이런 숙제 앞에서 당황하지 않을 수 없다. 정신적인 사랑은 오로지 육체적인 사랑의 실천에 의해서만 가치를 부여받게 된다는 이런 말이 인간의 이성에게는 그토록 이해하기 힘든 것이다. 서로 따로 노는 물과 기름과 같다. 생각 따로 몸 따로, 이런 모순이 현실의 문제이다.

바그너의 탄호이저는 괴테의 파우스트를 닮기도 했다. 두 인물에게 부여된 이름은 하인리히로 동일하다. 바그너가 이 이름을 모르고 정했을 수도 있지만, 그 가능성은 극히 희박하다. 바그너는 괴테를 알고 있었고, 그의 대표작 파우스트의 이름을 몰랐을 리도 없다. 괴테가 '영원한 여성성'에 의해 노력하는 정신이 구원받는다는 이론이 바그너의 음악극에서는 진정한 사랑과 영원한 사랑이라는 이념으로 전환이 이루어진다. 무엇보다도 관객의 눈을 사로잡은 것은 육체적 사랑에 대한 장면들이다. 바그너의 음악극을 보고 극장을 나서는 관객의 정신을 휘어잡는 것은 이런 감각적인 음악의 선율들이다. 마치 그런 것만이 바그너 음악의 전부인 것 같은 느낌에 휩싸이기도 한다. 용기와 희생을 필요로 하는 그런 사랑에 의해서만 천국에 들어갈수 있다는 그런 논리까지 인식해 내는 것은 소수만이 도달하는 특별한 깨달음에 해당한다.

특히 바그너는 〈탄호이저〉 속에 포이어바흐의 《기독교의 본질》(1841)에 대한 이념을 담아 냈다. 그래서 무신론과 감각적 사랑에 대한 이념으로 넘쳐흐른다. 이런 근본 사상으로 인해 바그너는 1850년 《미래의 예술작품》이란 책을 그에게 헌정하게된다. 그 후 바그너는 또 쇼펜하우어를 접하면서 음악의 역할에 대한 기대가 한층 더 넓은 세계로 확장되어 나간다. 또한 음악에 의해 우리는 구원받을 수 있다는 그 대목에서 최고의 희열을 맛보았다. 새로운 낭만적인 분위기가 바그너의 음악세계 속으로 접목이 되었던 것이다. 포이어바흐와 쇼펜하우어가 한데 어우러진 음악, 그것이 바로 바그너의 음악이었다.

　〈탄호이저〉를 듣고 한동안 수업에 지장이 있을 정도였다는 고백 앞에 우리는 한참 머물러 있어야 한다. 그래서 그에게 미친 영향이 무엇인지를 깨달아야 한다. 이상은 현실과 어울려야 한다. 이 세상의 논리와 저세상의 논리가 따로 놀면 안 된다. 쇼펜하우어에서부터 씨가 뿌려진 생철학은 포이어바흐, 바그너, 니체를 거쳐 슈바이처에 이르고 있다. 사람은 생각하는 존재이다. 생각과 존재의 어울림을 이해해 내야 한다. 이상과 현실을 이런 개념으로 전환해 낼 수 있어야 한다. 그것을 본질과 현상이라는 말로 설명하는 철학적 문체 앞에서 당황하지 않을 수 있어야 한다.

X.

이육사의 〈광야〉와 초인

1.

한의 민족과
눈물의 역사

35년간의 일제강점기만 힘들었을까. 우리 민족은 억울한 것이 많은 민족이다. 반도다 보니, 그리고 대륙으로 가는 길목이다 보니, 이런 사람 저런 사람 드나들며 수많은 발자국과 사연들을 남겨 놓았다. 세상은 넓은데 우리의 선조는 하필이면 이런 곳에 나라를 세웠다. 우리는 이런 터에서 태어났고 자라났다. 아무리 강해도 더 강한 자가 나타나고야 만다. 또 아무리 준비해도 더 준비한 무리가 등장한다. 더 이상 도망칠 곳도 없는 배수진이 운명처럼 쳐져 있다. 한쪽 면은 휴전선이 가로막고 있고, 삼면이 바다다. 이것이 우리 민족, 특히 남한이 처한 현실 상황이다. 이것을 인식하는 것이 현실 인식이다. 불편하다. 그것이 시작 지점이다.

우리 민족에게는 배달민족, 백의민족 등 다양한 별명들이 붙어 있다. 하지만 한의 민족만큼 상처를 건드리는 별명이 또 없다. 한이 많다. 원한 감정이 변하지 않는 민족의 정서로 뿌리를 내리고 있다. 억울한 감정이 민족적 무리의식으로 형성되어 있다는 얘기다. 그러면서도 가장 잔인한 민족이다. 어느 전해지는 말에 의하면, 월남전에서는 한국 군인들만큼 잔인한 군인이 또 없다고 할 만큼 싸움을 잘 했다고 한다. 칭기즈칸의 피가 섞여 있어서일까. 유럽 게르만 민족도 벌벌 떨게 했다는 그 싹쓸이 작전은 유명했다고 한다.

'여자가 한을 품으면 오뉴월에도 서리가 내린다'라고 한다. 우리의 민족적 지혜가 담긴 격언이다. 약자가 권력을 잡으면 잔인해진다. 동시에 자격이 없는 자가 권좌에 오르면 폭력과 탄압이 난무한다. 이들은 도전을 없애기 위해 싹부터 잘라 버리고 만다. 후환을 없애기 위해 씨앗부터 짓밟아 버린다. 그래도 강골은 쉽게 죽지 않는다. 끝까지 버티다 죽을 뿐이다. 감옥에서 신체 실험을 당하다가 그런 죽음으로 생을 마감한 윤동주의 삶을 접하고 인생선배 정지용은 윤동주의 시집《하늘과 바람과 별과 시》의 서문에서 이런 말을 남겼다.

청년 윤동주는 의지가 약하였을 것이다. 그렇기에 서정시에 우수한 것이겠고, 그러나 뼈가 강하였던 것이리라. 그렇기에 일적에게 살을 내던지고 뼈를 차지한 것이 아니었던가?

무시무시한 고독에서 죽었구나! 29세가 되도록 시도 발표하여 본 적도 없이!

김수영의 〈풀〉도 기억난다. 풀은 동풍에 나부껴 울면서 눕지만 바람보다 먼저 일어난다. 풀은 누울 뿐이다. 울면서 눕지만 누워서 쉬다가 결국에는 다시 일어서고야 만다. 마찬가지로 우리 민족은 약하지만 강하다. 이 모순을 제대로 이해해야 긍정적 의미의 긍지가 생겨난다. 민족적 긍지가. 풀은 쉽게 제거되지 않는다. 뽑는다고 없어지지 않는다. 풀은 생명력이 강하다. 아무리 제초제를 뿌려대도 결국에는 다시 싹을 틔우고 기어코 일어서고야 만다. 우리는 참고 견디는 측면에서는 그 어느 민족보다 강한 내성을 갖고 있다.

반도라고 얕보지 말라. 지도를 위아래로 바꿔 놓으면 호랑이가 태평양을 향해 포효하는 자세가 엿보이니! 운다고 얕보지 말라. 그 눈물이 씨앗이 되어 큰일을 벌일 터이니! 여자라고 얕보지 말라. 그런 여자가 초인을 낳을 것이니! 원한 감정이 데 카당이라고 함부로 평가하지 말라. 그 원한 감정이 승리감으로 채워질 때까지 노력을 포기하지 않을 것이니! 여리고 여린 단 한 명의 여인이라도, 그녀가 낳는 자손은 초인이 될 터이니! 그 런 초인이 등장하는 그날까지 기리는 치열한 기다림의 전사가 있었다. 그의 이름 이육사라고 한다.

2.

〈광야〉가 전하는
자기연민과 기다림의 정서

까마득한 날에

하늘이 처음 열리고

어데 닭 우는 소리 들렸으랴

모든 산맥들이

바다를 연모해 휘달릴 때도

차마 이곳을 범하던 못하였으리라

끊임없는 광음을

부지런한 계절이 피어선 지고

큰 강물이 비로소 길을 열었다

지금 눈 나리고
매화 향기 홀로 아득하니
내 여기 가난한 노래의 씨를 뿌려라

다시 천고의 뒤에
백마 타고 오는 초인이 있어
이 광야에서 목 놓아 부르게 하리라

계절은 자연이다. 스스로 그렇게 진행되는 것이다. 거기서 시인은 의지를 발견한다. 자연스럽지만 그곳에도 의지가 작동하고 있다는 것을 안 것이다. 계절이 부지런히 바뀌고 있다. 꽃이 피고 진다. 개화와 몰락의 반복 속에서 민족의 역사는 쉼 없는 강물처럼 조용히 흐르고 있다.

　이육사는 이 시가 활자화되는 것을 보지 못하고 1944년 1월 북경감옥에서 억울하게 옥사했다. 1904년생이니까 평생을 일제라는 외세가 주는 압박감 속에서 보낸 셈이다. 태어나면서부터 억울한 세상에 처해 버렸다. 운명으로 받아들일 수가 없었다. 그래서 운명을 극복하고 개척하고 싶었다. 하지만 스스로는 역부족이었다. 그는 죽어 가면서 가난한 노래의 씨를 뿌려 놓았다. 먼 훗날 천고의 뒤에 광야에서 목 놓아 부르게 될 노래의 씨를.

군 복무 시절, 선임들이 노래 부르라고 시키면 가끔 아버지가 즐겨 불렀던 노래를 부르곤 했다. 〈홍도야 울지 마라〉, 〈울고 넘는 박달재〉 등이 그것이다. 울고 또 운다. 울고 있는데 그 울음이 끝이 아니다. 노래가 끝나면 현실로 돌아오듯이 그렇게 울음이 끝나면 새로운 인식이 찾아든다. 그것을 알기에 울며 노래를 부른다. 눈물을 머금은 목소리에 민족의 정서가 담긴다. 가끔은 해맑은 노래가 유행을 탈 때도 있지만 결국에는 눈물을 쏙 빼놓는 그런 노래가 다시 도래하고야 만다. 모두가 공감하며 함께 슬퍼하는 것이 우리의 내면을 보여 주는 세상이다.

어둠은 일상이다. 하지만 태양의 등장은 희망 사항이다. 어두운 곳에서 보내는 시간은 영원처럼 길기만 하다. 그리고 환한 대낮 동안 보내는 시간은 봄날의 꽃처럼 쉽게 왔다 쉽게 떠나고 만다. 봄이 순간처럼 느껴지는 이유는 그것이 너무 좋아서 그런 것이다. 봄은 너무 짧다. 그 말은 봄이 너무 좋다는 말이다. '개나리가 개 난리 났네!' 하고 탄성을 쏟아 놓을 때 이미 개나리가 지기 시작하고 벚꽃이 만개하는 시절이 도래한다. 그렇게 온 산이 연초록으로 물들기 시작한다. 우리의 민족의 봄날이 천고의 뒤에 올까? 해방은 이미 1945년에 맞이했다. 자유는 이미 와 있다. 그 자유를 감당할 자격이 있는가? 우리는 이제 이런 고민을 해야 할 지점에 와 있다.

3.

태초부터 종말까지
이어질 민족

수많은 민족이 있었고 또 수많은 민족이 사라졌다. 이름도 없이 존재하다가 흔적도 없이 사라지는 그런 민족도 많다. 그런 의미에서 보면 우리 민족은 대단하다. 선사시대부터 지금까지 존재를 과시하고 있다. 공룡이 살던 시대 이후로부터 이 한반도의 주인이 되어 버티고 있다. 우리의 역사는 짓밟힘의 흔적 속에 쓰였지만, 다른 관점에서 보면 그만큼 탐나고 쉽게 포기할 수 없는 나라라는 얘기다. 우리 자신의 가치를 인식하고 그것에 긍지를 갖는 것이 급선무다. 자기를 알고 나면 상대를 가지고 놀 수 있다. 상대가 무슨 마음을 갖고 있는지 알고 나면 그 마음을 갖고 '밀당(밀고 당기는 행위)'도 가능해진다.

우리의 민족은 '까마득한 날'에 그 해뜨기 전부터 시작하여 '천고의 뒤'까지 이어질 것이다. 이것이 이육사의 광대한 역사 인식이다. 암울한 현실 인식을 운명처럼 떠안고도 생각만큼은 환한 희망으로 충만해 있다. 그는 천고의 뒤까지 이어질 후손들을 위해 노래의 씨앗을 남겨 놓았다. 그 씨앗을 책임지고 키워야 하는 것은 우리의 몫이다. 우리 후손의 책임이며 의무이다.

지금이다. 지금이 매화 향기 가득하다. 다른 썩은 냄새 따위는 끼어들 틈이 없다. 오로지, 꽃내음만 홀로 가득하다. '지금 여기'에 대한 인식은 인식하는 자의 몫이다. 그리고 생각은 생각하는 자의 몫이다. 무슨 생각을 하며 살 것인가? 그것은 생각하는 자가 자신의 생각에 책임을 져야 한다는 말로 알아들어야 한다는 얘기다. 지금이 '돌담에 속삭이는 햇발같이 / 풀 아래 웃음'을 짓게 하는 봄인가? 아니면 백발의 노인처럼 꽁꽁 얼어붙은 흰 수염과 함께 엄격한 표정을 짓는 겨울인가? 지금이 숨막히는 뜨거운 여름인가? 아니면 성숙한 침묵으로 소중한 열매를 익어 가게 하는 가을인가? 지금 여기에 대한 평가도 생각의 몫이다.

'자! 지금부터다!' 이렇게 선포하는 것도 자기 책임이다. 지난 일은 지난 대로 지나가게 하고, 오는 것은 열린 마음으로 받아들이는 것이 최상의 역사 인식이다. 과거에 연연하면 목숨을 내놓아야 한다. 그 가슴 아픈 이야기라면 새로운 시대를 여는 이방원과 죽어도 변할 수 없는 정몽주의 정신이 낳은 불멸이 된 시들이 있다.

이방원은 몰락한 고려의 충신 정몽주에게 〈하여가〉라는 제목의 시를 적어 보낸다.

이런들 어떠하리 저런들 어떠하리
만수산 드렁칡이 얽어진들 어떠하리
우리도 이같이 얽혀 백년까지 누려보세

이에 정몽주은 고집스럽게 〈단심가〉라는 제목의 시로 화답한다.

이몸이 죽고 죽어 일백번 고쳐 죽어
백골이 진토되어 넋이라도 있고 없고
임 향한 일편단심이야 가실 줄이 있으랴

충성심 하나는 높이 평가되었지만 변화의 물결 앞에서

죽음을 면치 못하는 운명에 처하고 만다. 이방원은 세종을 낳아 우리 민족 역사상 최고의 황금기를 여는 아버지가 된다.

누가 좋고 누가 나쁘다는 의미가 아니다. 누가 선하고 누가 악하다고 말하는 것도 부당하다. 때로는 이 사람이 좋고 때로는 저 사람이 좋다. 영원한 진리도 없고 영원한 사실도 없다. 역사적 사실조차 시간과 공간이 달라지면 그 사실에 대한 인식과 가치판단 또한 달라지는 것이 현실이다. 한때 아버지가 좋아하던 난초 꽃은 꽃도 아니라고 생각했다. 대신 꽃잎이 단정하고 분명한 해바라기가 꽃 중의 꽃이라고 생각했다. 그러다가 어느 순간 하늘하늘한 치마가 눈에 들어왔고 그때부터 불규칙한 꽃잎이 더 매력적으로 다가왔다. 인식에 변화가 생긴 것이다. 깨달음이 온 것이다. 깨달으면 되는 것이다. 아무리 힘든 시절이라 해도 그 때를 봄날로 인식하고 '자! 지금부터다!'를 외쳐대는 것은 자기 의지의 몫이다.

우리 민족은 배달민족이다. 밝은 산의 민족이다. 산은 산인데 태양의 빛을 충분히 받고 있는 은총의 산이다. 산은 곳곳에 있다. 백두산만 산이 아니다. 태백산만 산이 아니다. 신성한 산은 정하기 나름이다. 한반도의 대부분이 산으로 채워져 있다. 온 땅이 신성한 셈이다. 이 신성한 땅에서 신성한 대지의 뜻을 알아 그 뜻과 함께 신성한 삶을 살면 그가 곧 초인이 되는 것이다.

초인은 비틀대지만 춤춘다고 말한다. 초인은 울지만 웃고 있다고 말한다. 초인은 무릎을 꿇고 있지만 기도하고 있다고 말한다. 초인은 누워 있지만, 와신상담을 생각하고 있다고 말한다. 초인은 지금은 가난하지만 '말하는 대로 이루어지리라'를 믿으며 노래의 씨앗을 뿌리고 있노라고 말한다. 초인은 절망을 느끼지만, 희망을 보았노라고 말한다. 초인은 죽음을 맛보았지만, 희망은 가장 마지막에 죽는다고 말한다. 초인은 자기가 아프다고 자기 연민에 빠져 있지만, 그 고통 속에서 새로운 시대의 시작을 알린다.

4.

호랑이의 때는 아직 오지 않았다 ―
대한민국의 철학과 민족의 영웅

　　대한민국은 문학과 철학의 두물머리로 변신을 거듭하고 있다. 모든 강물은 흐르고 흘러 이 한반도에서 마지막 요리의 과정을 밟고 있다. 꼭 상을 받아야 하는 것은 아니다. 스스로 상을 주면 된다. 인정받으려는 그 마음이 스스로를 노예로 만들고 만다. 초인은 그런 실수를 저지르지 말아야 한다. 초인은 누구나 인정하는 그 마지막 한계를 넘어섰기에 그 누구로부터도 인정을 받을 수가 없다. 이것이 초인이 고독한 이유다. 이는 선구자의 길을 걸어가야 하는 자의 운명이다.

　　초인은 미래의 인물이다. 때문에 아직 단 한 번도 존재한 적이 없다. 초인이 누구냐고 물어봐야 할 사람도 없다. 초인은 우리의 몫이다. 우리가 책임지고 낳아야 할 미래의 사람이다. 사람이라 적어 놓고 신이라 읽어야 하는 그런 사람이다. 살면서도 신명 나게 놀 줄 아는 사람이다. 자기 안에 있는 신성을 밖으로 끄집어낼 줄 아는 능력의 소유자이다. 선을 그어 놓고서도 거기서 놀 줄 아는 정신이다. 아파스마라라는 무지의 괴물을 무대 삼아 춤을 추고 있는 춤의 여왕이자 춤의 여신 시바를 닮았다. 무지가 무대가 되니 무아지경이 따로 없다. 자기 자신조차 무지 속에 맡겨 버리고 나니 황홀지경이 펼쳐진다.

시바의 춤은 신의 춤이다. 아무렇게나 움직이는 것처럼 보이지만 거기에서도 일종의 규칙이 작동하고 있다. 춤을 이해하지 못하는 자들에겐 그 움직임이 막춤이라 평가될 수 있어도 춤을 이해하는 미래의 자손들은 거기서 새로운 시대의 움직임을 간파할 것이다. 시작은 비이성에서 비롯되지만 결국에는 이성으로 인정받으며 창조물이 탄생한다. 자기 자신의 때가 오지 않은 시기에 초인은 미친 사람 취급을 면치 못하지만, 자기 자신의 때가 오면 선구자로 추앙받게 될 것이다.

초인은 극복하는 자이다. 그리고 초인의 철학은 대한민국의 철학으로 딱 안성맞춤이다. 하지만 현실은 곰의 시대다. 그들은 기울어진 운동장이라는 절대적으로 유리한 조건 속에서 권력을 꿰찼다. 동굴 속에서 마늘과 쑥만 먹고 100일을 견뎌야 하는 조건이야말로 겨울잠을 잘 수 있고 잡식성인 곰에게 절대적으로 유리한 경기규칙이었던 것이다. 이런 시합에서 호랑이는 이길 수가 없었다. 아직 호랑이의 시대는 오지 않았다. 아직 호랑이의 때는 오지 않았다. 태평양을 호령할 호랑이의 발짓을 펼쳐 보이기에는 아직 때가 이르다. 그런 동작을 알아봐 줄 눈도 없다.

그래도 한의 민족의 정서는 물처럼 흐른다. 그 흐름이 법을 만들어 낼 것이다. 물水처럼 흘러가는去 그것이 곧 법法이기 때문이다. 물의 흐름을 잠시 막아 놓을 수는 있어도 결국에는 비가 올 것이고 둑은 무너질 것이며 고인 물은 또 다시 흘러갈 것이다. 흐르고 흘러 급기야 바다에 이르고 말 것이다. 한반도가 바다의 속성을 닮았다. 온 세상의 관심을 받는 보석 같은 땅이다. '꿈은 이루어진다'라는 말과 함께 2002년 4강 신화를 낳았다. 이제 우리의 역사는 새로운 꿈으로 새로운 신화를 탄생시켜야 하는 숙제를 떠안고 있다. 현실을 외면해서도 안 된다. 자기합리화와 자기변명으로 책임을 회피해서도 안 된다. 새로운 시대는 새로운 현실인식과 함께 장을 펼치게 된다.

5.

초인을 낳은
민중가요 〈광야에서〉

　"찢기는 가슴 안고 사라졌던 / 이 땅의 피울음 있다"고 시작하는 노래가 있다. 이 노래는 1984년 당시 대학생이었던 문대현이란 사람이 작사와 작곡을 해 냈다. 이 노래는 '노동자노래단'이란 노래패에 의해 처음 레코드로 취입된 뒤, 노래를 찾는 사람들, 안치환, 김광석, 윤도현이 불러 주었다. 물론 여기 언급되진 않았지만, 수많은 가수가 이 노래를 불렀다. 이런 식으로 계속 입에 담기면서 불멸이 탄생하고 시대가 흐르고 나면 그 시대를 대변할 노래가 이런 식으로 빛 속에 모습을 드러내게 되는 것이다.

　후렴구는 가슴을 메이게 한다. "우리 어찌 가난하리오 /

우리 어찌 주저하리오 / 다시 서는 저 들판에서 / 움켜쥔 뜨거운 흙이여"는 몇 번이나 반복하며 내면을 건드리고 생명력을 자극한다. 우리나라, 이 나라는 작지만 뜨거운 나라이다. 겁은 나지만 주저할 수 없다. 노래를 부르는 우리가 있어 가난할 수 없는 나라이다. 뜨거운 흙을 움켜쥐고 저 들판에 당당하게 서 있어서 자랑스럽기만 하다. 이 나라에 사는 우리 민족이 깨달아야 하는 소리이다.

이육사의 〈광야〉와 민중가요 〈광야에서〉는 닮았다. 뿌려진 노래의 씨앗이 비슷하다. 상처가 많다. 흉터가 사라지지 않는다. 그렇다고 후회로 삶을 채울 수는 없다. 흙은 새로운 뜨거움으로 온기를 전한다. 흙은 생명의 근원이다. 이는 프로메테우스 신화에서부터 전해져 내려오는 신성한 이야기이다. 이야기를 들으며 정신은 잠이 들기도 하고 또 깨어나기도 한다. 잠이 들어야 하는 순간이라면 좋은 꿈의 원인이 될 것이고, 잠에서 깨어나야 할 시간이라면 역사의식으로 역사를 책임지는 영웅이 탄생할 것이다.

광야의 다른 말이 있다면 사막이다. 이곳은 니체가 초인 사상을 설명할 때 제시된 최초의 지점에 해당한다. 삶이 위협받는 곳이다. 생철학은 이 지점에 대한 의미부터 쟁취해야 한다.

삶이 사막에 처해 있다고 마냥 염세주의적으로 살 수는 없다. 자기 연민에 빠져 자기 삶에 대한 염증으로 세월을 보낼 수는 없다. 사막은 단테의 〈지옥편〉의 내용과 닮았다. 니체의 사막도, 단테의 지옥도 다 여행의 한 지점에 불과하다. 그리고 지나고 나면 멋진 추억이 될 이야기들이다. 극복하고 나면 모두 멋진 노래로 변신해 줄 체험이고 경험이다.

"광야에는 칼이 있으므로 죽기를 무릅써야 양식을 얻사오니."(예레미야애가 5:9) 맞는 말이다. 죽기를 무릅써야 한다. 죽기를 각오해야 한다. 1597년 정유재란 때 우리의 영웅 이순신은 죽고자 하니 삶이 가능해지는 반전의 효과를 인식했고 또 경험했다. 목숨을 걸면 목숨이 보장된다. 죽고자 하면 못할 일이 없다. 아니 기적 같은 일도 벌어진다. 죽기 싫어하니 안 되는 일이 너무도 많을 뿐이다. 13척 대 133척! 말도 안 되는 대결이다. 이 대결에서 이순신은 일본 병선 31척을 격파했다. 어떤 기록에 의하면, 후방에 330척이 집결되어 있었다고 한다. 이야기는 전설의 형식을 띠면서 부풀려지기 마련이다. 어디까지가 진실이고 사실인지 불분명하다. 어찌 되었든 간에 기적과 같은 승리임은 틀림없다. 아무도 이길 수 없는 싸움에서 이겼다. 우리 민족이 존재하는 한 늘 들려줄 자랑스러운 이야기다.

"찢기는 가슴 안고 사라졌던 / 이 땅의 피울음 있다." 그
울음소리 잊을 수 없다. 잊을 수 없다면 노래를 불러야 한다. 그
소리가 디오니소스 축제의 소리로 변할 때까지 힘든 잉태의 세
월을 보내야 한다. 슬픔으로 축제를 벌일 수 있는 능력과 기술
이 갖춰질 때까지 비극을 견뎌 내야 한다. 침묵으로 키운 말이
시적 언어로 탄생할 때까지 참고 견뎌야 한다. 창자가 끊어지는
그런 고통도 참아 내야 한다. 보초를 서다가 여린 바람 소리에
도 화들짝 놀라는 우리의 영웅, 깊은 밤중에도 잠 못 드는 우리
의 영웅의 깨어 있는 정신을 들여다보자.

> 한산섬 달 밝은 밤에 수루에 혼자 앉아
> 큰 칼 옆에 차고 깊은 시름 하든 차에
> 어디서 일성 호가는 남의 애를 끊나니

초인이다. 초인의 소리다. 영원한 우리의 영웅이 들려 주
는 이런 소리가 천고 뒤에 불리게 될 노래의 씨앗이다. 천고 뒤,
그때가 종말이라고 생각하면 오산이다. 그때는 바로 우리 민족
이 호랑이로 거듭나서 큰 소리로 포효하게 되는 새로운 시작 지
점이 될 뿐이다. 카오스의 하품소리가 깊이 잠들어 꿈에서 헤매

고 있는 정신을 깨어나게 해 줄 것이다.

밤에도 잠 못 드는 우리의 영웅은 어둠 속에서 불멸을 잉태하고 있었다. 이순신 장군이 부른 〈한산도가〉는 우리 민족의 언어가 되어 우리의 영혼 속에서 살아 숨 쉬고 있다. 얼마나 두려웠으면 큰 칼을 옆에 차고 있었을까? 얼마나 걱정이 되었으면 밤에도 잠을 이루지 못했을까? 얼마나 예민했으면 바람 소리에도 애가 끊어지도록 화들짝 놀랐을까? 이 모든 것은 우리 민족을 위한 준비였을 뿐이다. 그런 예민함이 우리나라와 우리 민족을 구해 냈다.

나라는 작지만 그래도 뜻은 크게 품어야 한다. 조선 개국의 일등공신 이방원이 신흥국 조선 왕자의 신분으로 명나라로 사신을 떠났을 때, 그리고 그가 중국의 황제 앞에서 질문을 받았을 때, 그는 이것을 깨달았다고 한다. 우리나라는 작지만 강해야 한다고. 그것이 우리의 운명이라고. 정말 중요한 깨달음이었다. 그가 훗날 우리 민족이 맞이하는 최고의 전성기, 우리나라 역사 최고의 황금기를 창출하게 되는 세종대왕의 아버지가 된다.

이제 우리 민족도 깨달음을 얻어 세계를 주름잡는 민족으로 거듭날 수 있다. 우리가 유럽의 역사를 배우며 공부를 했듯이, 이제는 세계가 우리의 역사를 공부하며 인식을 구하는 날도 오게 될 것이다. 작지만 큰 나라로 인식되는 그런 나라가 될 수 있다. 확신에 차니 가슴이 벅차다. 극복하고 극복하여 초인의 나라로 거듭나는 그런 순간을 기대한다.

문학과 철학의
두물머리

늘 들려주고 싶었다. 사람들은 내가 무슨 말을 하는지 직접 듣고 싶어 했다. 그래서 비유로 말하지 말고 직설법으로 말해 달라고 그토록 애원했다. 하지만 모든 직언은 상처가 된다. 진실은 충분히 성숙하지 않은 모든 것을 으깨 버릴 정도로 잔인하다. 진실을 알고 싶다면 살이 베이고 뼈가 부러지는 그런 고통까지도 감당하려는 각오를 해야 한다. 가벼운 상처 하나에도 지레 겁을 내면서 진실을 알고자 한다면 그것은 지극히 위험하다. 진실은 준비된 자의 것이다.

용기는 죽을 수도 있다는 것을 알고 있어야 가능한 마음가짐이다. 자기가 죽는 줄도 모르면서 용기를 낸다는 말은 허언에 불과하다. 그런 용기는 만용이란 이름이 더 어울릴 뿐이다. 말을 한다고 다 말이 되는 것이 아니다. 말이 되는 말을 해야 한다. 그런 말은 그러나 수많은 훈련을 거듭한 뒤에 겨우 가능해진다. 쉽게 되는 것은 아무것도 없다. 산다고 다 사는 것도 아니다. 살아도 사는 게 아닌 그런 삶도 있어서 하는 소리다.

이성이 성숙해지기 시작하던 그 어느 지점부터 니체를 좋아했다. 청소년 시절부터 니체는 나의 정신을 이루는 일부분이 되었다. 이동용이 내뱉은 소리 속에는 니체의 초인 사상밖에 없다. 그 정신만이 버티고 있다. 울어도 초인이라서 울고 있었을 뿐이다. 비틀댈 때조차 춤을 배우느라 고생했을 뿐이다. 니체는 웃음을 배우라 했다. 허무주의에서 배워야 할 것이 있다면 그것은 웃는 방법이다. 안동의 하회탈처럼 웃음 뒤에 진실을 품는 기술을 배워야 한다. 프로메테우스처럼 신에게 저항하는 정신을 품을 수 있어야 한다.

초인은 넘어서는 정신이다. 자유 정신이다. 늘 한계를 인식하는 동시에 언제나 그 한계를 넘어서는 정신이다. 한계를 모르고 까부는 정신은 초인의 것이 아니다. 초인의 정신은 한계를 알기에 용기도 미덕임을 아는 정신이다. 초인은 겁을 모르는 자가 아니라 겁을 알기에 용기를 필요로 하는 자다. 가장 용기를 필요로 하는 곳이 이 대지다. 그 대지의 뜻으로 충만한 곳이 우리의 삶이 펼쳐지는 곳이다. 더러운 흙이 자기 자신의 내용이라는 것을 인식해야 하는 곳이다.

삶의 현장은 생로병사라는 잔인한 자유가 자연이 되어 사람을 주눅 들게 한다. 그 자연이 싫어서 형이상학적 자연을 선택하게 되면 이상하고 우스운 상황이 펼쳐지고 만다. 신을 '나는 스스로 있는 자'라고 부르는 것은 노예 정신이나 하는 짓이다. 초인은 자기 자신을 두고 이런 소리를 할 줄 아는 존재이다. '나는 스스로 있는 자'라고, 자기 자신이 신이라고, 자기 자신이 신명 나게 노는 존재라고, 그 신성이 자기 안에서 밖으로 나오고 있다고, 그가 들려주는 소리가 삼라만상을 위로해 준다고, 범종의 소리처럼 공과 무로 가득 채워져 있지만, 그 소리가 허무주의의 이념이 되어 세상 사람들의 정신을 구원해 주고 있다고.

공부는 해야 한다. 한자로 공工 자는 하늘과 땅을 이어 놓은 형상이다. 범종을 채웠다는 공空 자는 갓머리ᄼ 아래, 즉 지붕 아래 바로 이 공부로 가득 채운 형상이다. 공부를 많이 한 사람이 공의 경지에 도달한다. 텅 비어 있다는 그 경지에 도달한다는 얘기다. 막힘이 없는 경지다. 말하자면 '도가 트는 것'이다.

어딜 가도 길이 보인다. 중생들은 길이 안 보인다고 한탄하는 곳에서도 초인은 길을 본다. 그런 정신이 '나를 따르라'라고 외치며 선구자의 소임을 다하게 된다. 그런 정신은 눈밭 길을 걸을 때조차 어지럽게 함부로 걷지 않는다. 그런 정신이 스스로를 백범白凡, 즉 '보통 사람'이라는 말로 호를 정하면서도 민족의 영웅이 된다.

높이 날아오른 정신은 깊은 계곡에서 바라보는 시선에는 하찮은 하나의 점에 불과해 보일 수도 있다. 또 사방이 막힌 미궁 속에 갇힌 생쥐의 시선에는 허무맹랑한 허영심 정도로 파악될 수도 있다. 하지만 초인은 그런 평가에도 아랑곳하지 않고 자기 갈 길을 간다. 공자의 말씀처럼 '인부지이불온 불역군자호'를 금언 삼아 묵묵히 걷고 있을 뿐이다.

괴테, 요한 볼프강 폰, 『파우스트/젊은 베르테르의 슬픔』, 곽복록 옮김,
　　동서문화사, 2009.

김수영, 『풀이 눕는다』, 시인생각, 1판 2쇄, 2014.

니체, 프리드리히 빌헬름, 『차라투스트라는 이렇게 말했다』, 정동호 옮
　　김, 책세상, 개정2판, 2012.

　　　　　　　　　　　, 『이 사람을 보라』, 이동용 옮김, 세창출판사,
　　1판 2쇄, 2020.

단테, 알리기에리, 『신곡』, 허인 옮김, 동서문화사, 2판, 2013.

배리, 제임스 매튜, 『피터 팬』, 예림당 편집부 옮김, 예림당, 2012.

베이컨, 프랜시스, 『학문의 진보』, 이종흡 옮김, 아카넷, 2013.

　　　　　　　　, 『신기관』, 진석용 옮김, 한길사, 개정판, 2016.

세르반테스, 미겔 데, 『돈끼호떼』, 김현창 옮김, 동서문화사, 2판, 2014.

슈바이처, 알베르트, 『나의 생애와 사상』, 천병희 옮김, 문예출판사, 2판,
　　2021.

야스퍼스, 카를 테오도어, 『철학학교/비극론/철학입문/위대한 철학자
　　들』, 전양범 옮김, 동서문화사, 3판, 2016.

윤동주, 『하늘과 바람과 별과 시』, 권영민 편저, 문학사상사, 1995.

이동용, 『바그너의 혁명과 사랑』, 이파르, 개정증보판, 2012.

_____,『춤추는 도덕. 사랑의 길을 가르쳐주는 니체의 〈도덕의 계보〉』, 이담북스, 2017.

_____,『사람이 아름답다. 니체의 〈선악의 저편〉이 들려주는 생의 예찬』, 이담북스, 2017.

_____,『디오니소스의 귀환. 신을 탄핵한 광기의 철학』, 이담북스, 2018.

_____,『스스로 신이 되어라. 니체의 〈권력에의 의지〉와 초인의 신화 탄생』, 이담북스, 2018.

_____,『방황하는 초인의 이야기. 불후의 명작 괴테의 〈파우스트〉 읽기』, 휴먼컬처아리랑, 2020.

_____,『야스퍼스의 '비극론'과 실존을 위한 근거』, 휴먼컬처아리랑, 2020.

_____,『니체와 초인의 언어. 잠언으로 철학하기, 삶을 위한 니체의 문체론』, 휴먼컬처아리랑, 2021.

이동용 외,『철학, 중독을 이야기하다』, 세창출판사, 2020.

이육사,『내 여기 가난한 노래의 씨를 뿌려라』, 시인생각, 2013.

헤세, 헤르만,『싯다르타』, 박병덕 옮김, 민음사, 신장판, 2005.

_____,『데미안』, 전영애 옮김, 민음사, 2판, 2012.

_____,『나르시스와 골드문트』, 임홍배 옮김, 민음사, 2판, 2016.

헤시오도스,『신들의 계보』, 천병희 옮김, 숲, 2012.